Biblische Aufklärung – die Entdeckung einer Tradition

Sechstes Sankt Georgener Symposion
– getragen von der
Stiftung Hochschule Sankt Georgen
in Verbindung mit dem
Fachbereich Katholische Theologie
an der Johann Wolfgang Goethe-Universität
in Frankfurt am Main
10./11. Oktober 2003

Herausgegeben von
Martin Frühauf und Werner Löser SJ

Verlag Josef Knecht · Frankfurt am Main

Redaktion/Lektorat:
Barbara Schmitt-Honold
unter Mitarbeit von Edeltraud Schönfeldt

Aus Gründen der Einheitlichkeit werden auch Zitate, die in der alten deutschen Rechtschreibung verfasst wurden, ohne besondere Kennzeichnung durchgängig in neuer deutscher Rechtschreibung wiedergegeben.

© Verlag Josef Knecht, Frankfurt am Main 2005
Alle Rechte vorbehalten – Printed in Germany

Originalausgabe

Umschlaggestaltung: HWF Müller, Denzlingen
Satz: Barbara Herrmann, Freiburg
Druck und Bindung: fgb · freiburger graphische betriebe 2005
www.fgb.de

Gedruckt auf umweltfreundlichem,
chlor- und säurefrei gebleichtem Papier

ISBN 3-7820-0887-1

Inhalt

Vorwort

Die Symposien der *Stiftung Hochschule Sankt Georgen* greifen Fragen auf, die viele Menschen berühren, und versuchen im interdisziplinären Gespräch, Antworten auf diese Fragen zu finden. Wir schaffen Kontakte zwischen den Vertretern der verschiedenen Wissenschaften, jetzt insbesondere zwischen Philosophen und Theologen. Die Beiträge von Verantwortlichen aus den verschiedenen Feldern der Gesellschaft sind dabei ein unverzichtbares Element des Gesprächs.

Das Symposion wurde vom Fachbereich Katholische Theologie an der Johann Wolfgang Goethe-Universität mitgetragen – eine Premiere. Erfahrbar kam die gemeinsame Verantwortung für das Symposion dadurch zum Ausdruck, dass es in Räumen der Universität stattfand. Dass die Hochschule Sankt Georgen (und ihre Stiftung) und der Fachbereich Katholische Theologie an der Universität gemeinsam tätig werden konnten, bleibt – so hoffen wir – kein einmaliges Ereignis; es möge der Auftakt zu immer neuen Formen des Zusammenarbeitens sein.

Das Thema des VI. Sankt Georgener Symposions (10./11. Oktober 2003) „Biblische Aufklärung – die Entdeckung einer Tradition" steht im Schnittpunkt zwischen Philosophie und Theologie, Religionsgeschichte und Geistesgeschichte. Ein Anstoß zur Wahl des Themas lag in der Frankfurter-Paulskirchen-Rede von Jürgen Habermas (Oktober 2001). Damals sagte er:

> *„In Anbetracht der religiösen Herkunft seiner moralischen Grundlagen sollte der liberale Staat mit der Möglichkeit rechnen, dass die ‚Kultur des gemeinen Menschenverstandes' (Hegel) angesichts ganz neuer Herausforderungen das Artikulationsniveau der eigenen Entstehungsgeschichte nicht einholt."*[1]

---

[1] Jürgen Habermas, Ansprachen aus Anlass der Verleihung des Friedenspreises des Deutschen Buchhandels, Frankfurt a. M. 2001, 48.

„Säkulare Sprachen, die das, was einmal gemeint war, bloß eliminieren, hinterlassen Irritationen. Als sich Sünde in Schuld, das Vergehen gegen göttliche Verbote in den Verstoß gegen menschliche Gesetze verwandelte, ging etwas verloren. "[2]

Jürgen Habermas ging so weit, eine für die wahre Freiheit unersetzliche Bedeutung des Glaubens an einen Schöpfer- und Erlösergott anzudeuten. Das sind überraschende Aussagen. Sie können auch als eine Erwartung an die christliche Theologie und an die Religionsphilosophie verstanden werden, das derart Verlorengegangene ins Gedächtnis zu rufen und denen darzulegen, die nach einem zeitgemäßen und zukunftsweisenden Verständnis ihrer selbst suchen. Die biblische Religion gehört in die Vorgeschichte der Moderne, enthält aber gleichzeitig auch die Motive, welche die Moderne vor einem Abgleiten in banale Aufgeklärtheit schützen können. In welchem Sinn gibt es die Tradition einer Aufklärung, die der Kritik standhalten kann, bereits von der Bibel her?

Exemplarische Beiträge zu einer solchen Fragestellung wurden in dem hier dokumentierten Symposion vorgelegt und erörtert. Allen, die sich vorbereitend, durchführend, hörend und diskutierend beteiligt haben, möchten wir aufrichtig danken.

Frankfurt am Main, im Juli 2004

Dr. Martin Frühauf
Vorsitzender des Kuratoriums
der Stiftung Hochschule
Sankt Georgen (bis April 2004)

Prof. Dr. Werner Löser SJ
stellvertretender Vorsitzender

---

[2] Ebd., 49.

Eckhard Nordhofen

Biblische Aufklärung –
die Entdeckung einer Tradition

Die Anstrengung der Philosophie sollte nach Hegel zuerst einmal dahin gehen, ihre Zeit in Gedanken zu erfassen. Dies läuft in einer schwachen Deutung oft genug auf eine nachträglich registrierende Besichtigung des Zeitalters hinaus. Ideenpolitik geht demgegenüber höhere Risiken ein. Wenn sie ihre Interessen offen ausspricht, macht sie sich angreifbar, ist aber zumindest kenntlich und unverdeckt.

Es ist eher ungewöhnlich, dass die Bezüge zwischen der Mentalitäts- und Ideenpolitik und aktuellen politischen Ereignissen so offensichtlich sind wie in den Jahren 2003 und 2004. Der zweite Golfkrieg George Bushs wurde als direkte Antwort auf das auslösende terroristische Großereignis vom 11. September 2001 legitimiert. Der Angriff auf das World Trade Center, die Twin-Towers als Wahrzeichen eines weltweit agierenden, westlich dominierten Ökonomismus, war offensichtlich als symbolpolitische Kriegserklärung gemeint und wurde von den Regierungen des Westens auch als solche quittiert, wenn auch nicht von allen aufgegriffen. Hatte man in den wirtschaftlich prosperierenden westlichen Demokratien in den Zeiten des globalen Ökonomismus begonnen, den Begriff der Politik auf die Organisation wirtschaftlicher Rahmenbedingungen herabzumindern, schärfte die Herausforderung einer Religion, die von Anfang an als Ineins von Politik und Gottesglauben auftrat, den Blick für die Besonderheit des Westens. Sie besteht in einer historisch umkämpften und inzwischen von beiden Seiten gewollten systematischen Unterscheidung bzw. Trennung von Religion und Politik. Es ist aber nicht nur der islamistische Terrorismus, der in diesen Jahren zum Nachdenken über die Wurzeln der Politik zwingt, es ist auch die ebenfalls durch die Ökonomie ausgelöste

Migration aus islamischen Ländern nach Europa, die im Rahmen der Einigungsbestrebungen zum Nachdenken über die europäische Identität Anlass gibt.

Soll die Türkei in die Europäische Union aufgenommen werden? Soll in der Präambel einer neuen europäischen Verfassung ein Gottesbezug erscheinen? Wenn solche Fragen auf der politischen Agenda stehen, werden die Weichen der politischen Willensbildung in Positionspapieren und Grundsatzreden gestellt. Hier spielen die für konsensfähig erachteten Figurinen der Ideen- und Geistesgeschichte eine wichtige Rolle. Da ist vom Humanismus, den Menschenrechten und den „westlichen Werten" die Rede, die dann in der Regel parataktisch neben die christlichen Traditionen gestellt werden – Traditionen, die man als partikulare und in der pluralistischen Gesellschaft nicht mehr verbindliche Erbschaft betrachtet. In der laizistischen Tradition Frankreichs, die in den romanischen Ländern vielfach für die politisch willensbildenden Kräfte und deren Denkstil maßgeblich ist, werden „westliche Werte", Humanismus und Menschenrechte von den christlichen Traditionen unterschieden und mit eigenen Gründungsmythen umgeben. In solchen Kontexten spielt der Begriff der Aufklärung eine zentrale Rolle.

Ihn mit der Bibel zu verbinden mag denen als kühne Konjunktion erscheinen, die nach dem gängigen Klischee in der Aufklärung eine antireligiöse Bewegung sehen, die am Ende die Säkularisierung, das heißt die Entmachtung der religiösen Agentur Kirche, kurzum das Ende des „finsteren Mittelalters" zur Folge hatte.

Hans Blumenberg, der, auf den Spuren Erich Rothackers wandelnd, die Metaphorologie[1] zu methodischen Ehren gebracht hat, schärft uns den Blick für die versteckte Metaphorik, die im Falle von „Aufklärung" sich wohl nur im Deutschen als (auf)klärungsbedürftig erweist. Von seinen Gegensätzen her gut zu erkennen ist das Wortfeld von „klar". Was unklar ist, wird opak, undurchsichtig oder dunkel sein. In einer reflexiven Va-

---

[1] Hans Blumenberg hat sich nur sehr selten zu seiner Methode der Metaphorologie geäußert, etwa im Aufsatz „Anthropologische Annäherung an die Rhetorik" in der kleinen Sammlung „Wirklichkeiten, in denen wir leben", 115 f.

riante *klärt sich* eine Sache selbst auf, etwa das Wetter. Genau genommen *klart es* subjektlos auf. Zum Klären bedarf es einer Person, die da klärt und Licht in die Sache bringt. Vielleicht hat Hegels Selbstdeutung als das zu sich selbst gekommene Subjekt der Geschichte ein grammatisches Motiv?

Auf die Lichtmetaphorik stoßen wir in allen europäischen Bezeichnungen für die Aufklärung. Die französische „Siècle de Lumières" gibt sich deutlich als Epochenbezeichnung zu erkennen. Das Zeitalter oder auch das Jahrhundert der Aufklärung war das achtzehnte, selbst wenn das siebzehnte Entscheidendes vorausgedacht hatte. Ähnlich das englische „Age of Enlightenment", weniger epochenbezogen der italienische „Illuminismo".

Selbstverständlich ist die Lichtmetaphorik älter als das 18. Jahrhundert. Das Reformationszeitalter hat sie etwa in der Bezeichnung der „Dunkelmännerbriefe" e contrario verwendet und schließlich die Bibel selber. Lumen Christi, Christus das Licht, das noch heute in der Liturgie der Osternacht das zentrale Symbol darstellt, geht vor allem auf den Evangelisten Johannes zurück und hier besonders auf den Prolog, der das buchstäblich einleuchtende Bild aufruft: „Und das Licht leuchtet in der Finsternis [...]" (Joh 1,5). Offensichtlich gehören die Erleuchtungen in Visionen und Erscheinungsberichten über engere neutestamentliche Textbelege hinaus auch im Alten Testament zum Repertoire; der Gegensatz von Licht und Finsternis reicht bis in die ersten Zeilen des Buches Genesis zurück, in denen der Schöpfer sein „Es werde Licht" spricht. Und noch im ersten Drittel des 20. Jahrhunderts gehörte es zur zünftigen Philosophenterminologie bei der Einführung eines Arguments zu formulieren: „Es erhellt ..."

Diese Bemerkungen sollen ins Gedächtnis rufen, dass es sich beim Epochenbegriff Aufklärung um eine ideenpolitisch bewusste und strategisch benutzte Gegenbesetzung handelt, deren begriffslogische Voraussetzung im Bild vom „finsteren Mittelalter" begründet war. Wir bekennen freimütig, dass wir ebenso absichtlich den Versuch unternehmen, den Begriff der Aufklärung aus dem Ausschließlichkeitsanspruch einer historischen philosophischen Strömung des 18. Jahrhunderts herauszulösen und ihn wieder auf seine biblischen Wurzeln zurückzuführen. Dies unterstreicht auch der Untertitel „– die Entdeckung einer

Tradition". Traditionen, die weiterwirken, müssen für gewöhnlich nicht erst entdeckt werden. Wenn sie wirken, sind sie meist als solche kenntlich. Doch gilt das nur für den Fall, dass der Traditionsfluss oberirdisch verläuft. Unsere leicht oxymorontische Formulierung „Entdeckung einer Tradition" rechnet also damit, dass das regierende Klischee die biblische Aufklärung nicht als solche kennt und daher auch nicht anerkennt. In der Religionsschrift Immanuel Kants ist viel von Obskurantismus die Rede. Religion wird mit Aberglauben und widervernünftigem rituellem „Afterdienst" in Verbindung gebracht und als Verdummung, als Priesterbetrug etc. auf die dunkle Seite gestellt. Aufklärung und biblische Tradition wurden im „Siècle de Lumières" gegeneinander in Stellung gebracht.

Ein nüchterner Blick auf die neuzeitliche Kirchengeschichte belehrt uns darüber, dass wir es in der katholischen Kirche bis weit in das vorige Jahrhundert hinein nicht nur mit antimodernistischen, sondern auch mit antimodernen Bestrebungen zu tun hatten. Diese werden der kirchlichen Institution gewiss mit gutem Recht vorgehalten. Es ist also auch den kirchlichen Verhältnissen anzulasten, wenn „Aufklärung" mit ihren biblischen Wurzeln in Verbindung zu bringen einer Mehrheit der Intellektuellen nicht einfällt.

Dennoch ist der Abstand zu den Zeiten, in denen die Kirche sich als ideologische Sockelung absolutistischer Staatsgewalt funktionalisieren ließ, groß genug, um einen neuen Blick auf das Verhältnis von biblischer Tradition und heutigem Staatsverständnis zu werfen, denn es fällt auf, dass gewisse demokratische Standards sich offenbar nur im Wirkungsschatten der biblischen Tradition ausgebildet haben und ihre Geltung behaupten.

Am Beispiel der großen Französischen Revolution von 1789 können wir im Übrigen sehen, dass selbst die Gewaltexzesse während der Schreckensherrschaft den Glanz der Ideen von Freiheit, Gleichheit und Brüderlichkeit nicht dauerhaft haben verdunkeln können. Fundamentale und wirkmächtige Ideen können verbogen, verraten und desavouiert werden, sie sind darum noch lange nicht umstandslos widerlegt. Es ist gewiss legitim, die Wirkungsgeschichte von Institutionen und Ideen positiv oder negativ zu bilanzieren. Als Ideen gehören sie aber ex definitione nicht dem Bereich des empirisch Widerlegbaren an. Auch eine systematische Betrachtungsweise bleibt legitim und lohnend. Hier gilt es festzuhalten, dass der Begriff der Aufklärung schon seit längerem eine Entwicklung zu einem systematischen Gebrauch durchgemacht hat. So etwa wenn Jürgen Habermas von der „unnachgiebigen Aufklärung" spricht oder sich Odo Marquard[2] als „Aufklärungstraditionalist" bezeichnet. Hier ist nicht mehr von einer Epoche, sondern von einem Vernunftkonzept die Rede. Wer von einer „vorsokratischen Aufklärung" spricht und dabei die ionische Naturphilosophie oder die Religionskritik eines Xenophanes im Blick hat, braucht ein tertium comparationis.

Was ist Aufklärung? Wir dispensieren uns von einer rein destillierten Antwort auf die klassische Frage, können aber doch einige Argumente und Motive aus der Geschichte des Monotheismus beisteuern, für welche das Alte und das Neue Testament der Bibel das zentrale Dokument ist. Diese Fragen sind so historisch wie aktuell.

In den Tagen, in denen sich Europa anschickt, sich erstmals eine Verfassung zu geben, ist ein Streit darüber entbrannt, ob – wie im Grundgesetz der Bundesrepublik Deutschland – in der Präambel die Invocatio Dei, die Anrufung Gottes, erscheinen solle. Dies hat der Frage nach dem Verhältnis von Religion, Gesellschaft und Staat einen vorrangigen Platz auf der politischen Agenda verschafft. Das aufgeregte Interesse, das diese Fragestellung zum Erstaunen vieler gefunden hat, ist natürlich auch auf die erwähnte Herausforderung des Islam und seiner neuen Präsenz in Europa zurückzuführen, denn der Islam ist in seinen klassischen Heimatländern ein Amalgam von Religion, Gesellschaft und Staat. Würde ein von manchen anvisierter „Euroislam" sein Modernisierungspensum erledigen können, ohne die Migranten zu zwingen, ihre Religion aufzugeben oder sie zu einer kulturprotestantischen Reminiszenz an die orientalischen Lebensformen der alten Heimat verblassen zu lassen?

Im Streit um das Verhältnis von Staat und Religion gibt es grob sortiert zwei Argumentationslinien. Nach der einen ist die

---

[2] Vgl. Odo Marquard, Abschied vom Prinzipiellen, Stuttgart 1981

Trennung von Religion und Staat das Produkt eines Freiheitskampfes. Gegen eine inquisitionsbewehrte Institution Kirche, die sich, machtgestützt durch absolutistisches Fürstentum, die Herrschaft über die Köpfe anmaßte, mussten zunächst der fürstliche Absolutismus gebrochen, die Staatsgewalt vom Religionsmonopol abgekoppelt und die Religion zur Privatsache erklärt werden. Die Religion als klassische Instanz der Letztbegründung konnte nicht mehr oberhalb des Staates gedacht werden. Die Nation als oberste Instanz der Verfassung musste sich auf Menschenrechte berufen, die zwar nicht ganz frei von religiösen Bezügen waren, sich aber nicht mehr auf eine kontingente Religionsgeschichte beziehen konnten. Die Menschenrechte waren von einem deistischen Himmel gefallen, nicht aber – jedenfalls nicht offensichtlich – biblisch begründet.

Die Historiker wissen um die Rolle, welche die amerikanische Unabhängigkeitsbewegung für die Französische Revolution gespielt hat. Die Gründung der „Pilgrim Fathers" lief, anders als in Frankreich, auf eine positive Deutung der Religionsfreiheit hinaus. Die dissentierenden Konfessionen und Denominationen suchten und fanden an der Ostküste des nordamerikanischen Kontinents die Spielräume zur ungehinderten und kraftvollen Entfaltung ihrer Frömmigkeiten. Inspiriert und erfüllt von biblischem Geist, suchten sie als neue Israeliten das gelobte Land, und ihre Nachkommen haben bis heute das Gefühl, in „God's own Country" zu leben. Im laizistischen Frankreich dominieren dagegen bis heute die Tendenzen zur negativ gedeuteten Religionsfreiheit, das heißt einer Freiheit von der Religion.

Noch lange war Frankreich geistig gespalten. Immer noch gibt es royalistische Minderheiten, linke Republikaner kämpften im 20. Jahrhundert gegen die „Action Française". Lange Zeit war unentschieden, ob sich die Ideen von 1789 auf Dauer durchsetzen würden. Napoleon, der als Revolutionsgeneral begann, erschien auf dem Höhepunkt seiner Macht als Modernisierer des Absolutismus. Die folgende Restaurationsepoche, die Revolution von 1848, das zweite Kaiserreich und die neuen Republiken würden in einer Untersuchung über das Verhältnis von Staat und Kirche jeweils eigene Kapitel erfordern.

Wie auch immer – Aufklärung gilt im geläufigen Sprachgebrauch eher als Ergebnis einer neu entdeckten autonomen Vernunft, die sich selbst begründet, um dann als Begründungsinstanz für Staat, Gesellschaft und Verfassung zu wirken.

Die andere, hier favorisierte Perspektive hält diese Lesart für ein Selbstmissverständnis, legt die langen Wurzeln der westlichen Moderne frei und zeigt, dass die Vorstellungen von der Menschenwürde, von individuellen Freiheitsrechten wie von Menschenrechten überhaupt und insbesondere das Verhältnis von Religion und Staat nicht zufällig auf die große religionsgeschichtliche Bewegung zurückgeführt werden können, die neuerdings in der Monotheismusdebatte breite öffentliche Aufmerksamkeit erweckt.

Im Jahr 2003 lieferte die politische Großwetterlage Stichworte, die dem Rahmenthema „Biblische Aufklärung" eine besondere Aktualität verschafften. Der zweite Golfkrieg warf die Frage nach dem Zusammenhang von Religion und Gewalt von zwei Seiten her auf. Saddam Hussein, dessen geistige Wurzeln in der Baath-Partei zu suchen sind, die zum weiteren Umfeld des faschistischen Syndroms gehört, entdeckte erst spät das Machtpotential der Religion. Dann aber instrumentalisierte er umso konsequenter den Islam und lieferte ein nahezu lupenreines Beispiel für einen *usurpatorischen Monotheismus*. Seit Chomeini war der Islamismus stetig erstarkt und zu einer geistigen Kraft geworden, die imstande war, die Massen zu begeistern. Nun erklärte sich der vormals atheismusverdächtige Saddam zu einem Führer im Dschihad. Der heilige Krieg des Islam, der in vielen Variationen beobachtet wurde und wird, stellt die vielleicht klarste Form eines usurpatorischen Monotheismus dar.[3] Der usurpatorische Monotheismus benutzt Gott als Ermächtigungsinstanz und unterscheidet nicht mehr zwischen den eigenen und den göttlichen Interessen. Das Verschwindenmachen der Differenz zwischen dem göttlichen und dem eigenen Willen wird als Folge religiöser Hingabe und Devotion erlebt und macht den Krieger zum verlängerten Arm der höchsten Macht.

---

[3] Zum Begriff des usurpatorischen Monotheismus vgl. Eckhard Nordhofen, Die Zukunft des Monotheismus, in: Merkur 605, (1999), 828 – 846.

Die zeitgenössische christliche Theologie, insbesondere dort, wo sie sich an wissenschaftlichen Standards orientiert, distanziert sich fast durchgängig von der Vorstellung, Gott könne zur Gewalt, gar zur kriegerischen Gewalt ermächtigen. Selbstkritisch und mit öffentlich verkündeten Entschuldigungen distanzieren sich Kirchenführer und Theologen von den Entgleisungen der Vergangenheit. In Mainz wurde im Jahr 2004 unter dem Titel „Kein Krieg ist heilig" eine viel beachtete Kreuzzugausstellung eröffnet. Dennoch ist auch dem zeitgenössischen Christentum diese Ermächtigungsfigur nicht völlig abhanden gekommen. Präsident Bush, der von sich bekennt, dass er den Tag mit einem Morgengebet beginne, der auch Kabinettssitzungen mit Gebeten eröffnet, bediente sich in der Phase der Legitimation des Golfkrieges einer Kreuzzugrhetorik und beschwor damit das Gespenst eines Religionskrieges herauf. Papst Johannes Paul II. dagegen distanzierte sich mit deutlichen Worten vom Irakkrieg und wies eine religiöse Begründung dafür zurück.

Im Jahre 1999 veröffentlichte der Ägyptologe Jan Assmann eine kultur- und religionshistorisch ambitionierte Untersuchung über die Entstehungsgeschichte des Monotheismus im alten Ägypten.[4] Der Skopus der Darlegung mündete in die Rekonstruktion eines konstitutiven Zusammenhangs von Monotheismus und Gewalt. Sie lief auf die Behauptung hinaus, erst mit dem Monotheismus, der erstmals einen binären Wahr-falsch-Gegensatz zwischen der eigenen und der anderen Religion installiert habe, sei die Religion als Quelle kriegerischer Auseinandersetzungen wirksam geworden. Assmann, der sich von Sigmund Freuds „Der Mann Mose" inspirieren ließ, überbrückt eine tausendjährige Überlieferungslücke mit Hilfe einer von ihm und seiner Frau Aleida entwickelten Methodologie der „Gedächtnisgeschichte". Nach dieser ist es denkbar und möglich, dass zeitlich weit auseinander liegende Ereignisse, die im kollektiven Gedächtnis tiefe Spuren hinterlassen, viel später und an anderer Stelle wieder aus dem Untergrund auftauchen und ihre Wirksamkeit entfalten.

---

[4] Vgl. Jan Assmann, Mose der Ägypter, München, 1999.

Das Vorspiel des mosaischen Monotheismus sieht Assmann in der Amarna-Periode Amenophis' IV., in der eine religiöse Revolution von oben versucht worden war, die für kurze Zeit einen monotheistischen Sonnenkult durchsetzte; doch war dies Episode geblieben. Die alten Kulte der Volksreligion wurden restituiert, die Erinnerung an diesen solaren Monotheismus hingegen wurde legendenhaft karikiert und kriminalisiert. Für diese kühne Konstruktion trägt Assmann Argumente zusammen, die von Fachleuten gewürdigt werden mögen. Entscheidend und bemerkenswert ist seine Feststellung, dass der Monotheismus so etwas wie eine religionsgeschichtliche Supernova darstellt, indem er erstmals Wahrheitsansprüche stellt. Assmann geht es in erster Linie um die Diskussion eines Zusammenhangs von Religion und Gewalt. Die Reklamation exklusiver Wahrheit für die eigene Religion konstituiert in der Tat eine Dichotomie, welche die Anhänger der falschen, disqualifizierten Religiosität zu potentiellen Feinden macht. Diese These besitzt eine vordergründige Plausibilität und kann mit vielen Belegen aus dem Alten Testament, insbesondere aus dem Buch Josua, illustriert werden. Es ist nicht erstaunlich, dass vor dem Hintergrund der zeitgenössischen politischen Verhältnisse mit ihrer wieder erstarkten Wurzel usurpatorischer monotheistischer Gewaltbegründung das Buch Assmanns in der theologischen Zunft engagiert diskutiert wurde. Assmann führte die Debatte auf bemerkenswerte Art weiter. In kurzer Folge erschienen zwei weitere Bücher: im Jahr 2000 „Herrschaft und Heil"[5] und im Jahr 2003 der Band „Die mosaische Unterscheidung"[6].

Auf diesem vorläufigen Höhepunkt der Debatte nimmt Assmann Argumente seiner Kritiker auf und revidiert seine These durch entscheidende Hinweise, die für unser Thema der biblischen Aufklärung von großer Bedeutung sind. Während es in „Mose der Ägypter" wie ein Sündenfall erschien, in religiösen Angelegenheiten Wahrheitsfragen aufkommen zu lassen, wird

---

[5] Jan Assman, Herrschaft und Heil. Politische Theologie in Altägypten, Israel und Europa, München 2000.
[6] Jan Assmann, Die Mosaische Unterscheidung oder der Preis des Monotheismus, München – Wien 2003.

das Bild des neuen Monotheismus in der „Mosaischen Unterscheidung" ausgewogener. Sie erweist sich als eine notwendige Unterscheidung, hinter die es kein Zurück mehr geben kann. Der Monotheismus wird als eine sekundäre Religion in dem Sinn verstanden, dass er nur vor dem Hintergrund einer Primärreligion denkbar ist, von der er sich kritisch absetzt. Eine Religion, die sich religionskritisch transformiert, erreicht eine Geistigkeit, die es nicht zulässt, hinter ihre Standards zurückzufallen. Die fast paradiesische Zeichnung der vorkritischen Verhältnisse kann dann nicht mehr die Phantasie auslösen, wieder zu polytheistischen Verhältnissen zurückkehren zu können, wie dies eher spielerisch Odo Marquard in seinem „Lob des Polytheismus" vorgeschlagen hatte.[7] Wer die Religion nach sozialhygienischen Kriterien beurteilt, etwa die Frage stellt: „Wie friedensfördernd ist die Religion?", betrachtet sie im Sinne eines „social Engineering" rein funktionalistisch.

Das Paradiesesgemälde der vorkritischen Religionsverhältnisse in der alten Welt führt uns eine friedliche Welt vor Augen. Es schildert in den großen Flussoasen und um das Mittelmeer herum eine einzige polytheistische Großreligion, die viele Dialekte sprach, die aber alle ineinander übersetzbar waren. Man habe zwar viele Kriege, aber keinen Religionskrieg geführt. Assmann übersieht allerdings einen Aspekt, der erst mit Hilfe einer monotheistischen Religionskritik in den Blick rückt. Zur Wirkungsgeschichte der mosaischen Unterscheidung gehört nämlich das, was man *„eschatologische Gewaltenteilung"*[8] nennen könnte.

In allen Herrschaftssystemen der alten Welt, ja in nahezu allen Kulturen, die sich außerhalb der monotheistischen Tradition untersuchen lassen, ist die höchste religiöse Instanz immer unlöslich mit der politischen und staatlichen Gewalt verbunden, oft gar mit ihr identisch. Oftmals ist der Pharao, der Kaiser, der Tenno von göttlicher Qualität. Oft ist er gleichzeitig oberster Priester und steht an der Spitze des religiösen Systems. Mit an-

---

[7] Vgl. Marquard, Abschied (s. o. Anm. 2), 91–116.
[8] Diesen Begriff habe ich in einem Aufsatz in der „Zeit" vom 11. 7. 1997 vorgeschlagen.

deren Worten, Theokratie ist der kulturtheoretische Normalfall, eschatologische Gewaltenteilung die Ausnahme. Nachdem wir uns Gott sei Dank an die eschatologische Gewaltenteilung gewöhnt haben, sollten wir nicht übersehen, dass sie keineswegs selbstverständlich ist. Erst im Monotheismus, wie wir ihn im alten Israel antreffen, treten die Spitze der politischen Macht und die höchste religiöse Instanz, Gott, auseinander und werden unterscheidbar. Solange die mosaische Unterscheidung nicht getroffen wird, ist somit jeder Krieg ein Religionskrieg.

An diesem Beispiel der eschatologischen Gewaltenteilung kann sehr gut jene Revision dargestellt werden, die im Untertitel des Symposions – „die Entdeckung einer Tradition" – zum Ausdruck kommt. In der Regel wird die für die westliche Moderne charakteristische Trennung von Staat und Religion auf Montesquieu, politisch auf die Entmachtung der Kirche zurückgeführt. In einem ausführlichen Durchgang durch die Geschichte des Monotheismus in seinem Verhältnis zur jeweiligen Staatlichkeit, zu dem hier der Platz fehlt und auch an Ort und Stelle nicht die Zeit war, könnte aber gezeigt werden, dass dieser Dualismus in vielen Varianten durchkonjugiert wurde, ohne dass er je aufgehört hätte, ein Dualismus zu sein.[9] Es gibt Episoden der Kirchengeschichte, in denen die theokratische Versuchung besonders wirksam war. Der Caesaropapismus Gregors des Großen wäre nur eines von mehreren möglichen Beispielen. Auf der anderen Seite gibt es genügend Beispiele, dass es die staatliche Gewalt verstanden hat, die Kirche für ihre Zwecke zu instrumentalisieren.

Die Szene, in der Natan vor den König David tritt, um ihm die Leviten zu lesen, ist die Urszene einer Trennung von Staat und Kirche.[10] Dem faktisch Mächtigsten in Israel, dem König, wird klar gemacht, dass es eine Instanz gibt, die auch für ihn maßgeblich ist und der er sich zu unterwerfen hat. Das gemeißelte Diktum Jesu vor Pilatus „Du hättest keine Macht über mich, wenn sie dir nicht von oben gegeben wäre" (Joh 19,11), die für

---

[9] Hierzu weiterführend: Paolo Prodi, Eine Geschichte der Gerechtigkeit. Vom Recht Gottes zum modernen Rechtsstaat, München 2003.
[10] Vgl. 2 Sam 12,1–14.

die Reformationsgeschichte folgenreiche Lehre des heiligen Augustinus von den zwei Reichen, der Civitas Terrena und der Civitas Dei, sind wichtige Stichworte in einer Traditionslinie, die es höchst unwahrscheinlich macht, dass ein christlich imprägnierter Denker wie Montesquieu das Hauptpatent auf den Gedanken der Gewaltenteilung anmelden könnte. Bevor Legislative, Judikative und Exekutive auseinander treten, ist der Grundgedanke der *Entmächtigung* des irdisch höchsten Machthabers durch Gott der initiale Impuls. Es liegt im Wesen eines privativen Monotheismus, dass er die letzten Dinge, die Eschata, den Menschen vorenthält. Als Ergebnis einer Kritik an den selbst gemachten Göttern, wie sie vor allem in (Deutero) Jes 44, aber auch an vielen anderen Stellen des Alten Testaments entwickelt ist, ergibt sich die Vorstellung von einem Gott, der schlechterdings nicht instrumentalisierbar ist. Seinen Propheten (Jes 55,8) lässt er sagen „[...] meine Gedanken sind nicht eure Gedanken und eure Wege sind nicht meine Wege [...].“ Die *privative Vorenthaltung* – und nicht die empirische, magisch oder anderweitig instrumentalisierbare Anwesenheit als Ding in der Welt – unterscheiden den Gott Israels von den selbst gemachten Göttern, die alle als Verlängerung menschlicher Interessen und Wünsche rekonstruierbar sind. Hier wird eine religionskritische Einsicht festgehalten, hinter die es, wie auch Assmann einräumt, kein Zurück mehr gibt. Dass Religion immer davon bedroht ist, als Ermächtigungsinstrument mit der Tendenz, sich selbst zu vergöttlichen, benutzt zu werden, stellt eine *usurpatorische Versuchung* dar, die der Monotheismus im Kern kritisiert, selbst wenn es in der Folge immer wieder zu Rückfällen in das usurpatorische Muster kommt.

Diese Bemerkungen zum Verhältnis von staatlicher Gewalt zur Religion der Bibel, wie deren Verhältnis zur Gewalt schlechthin, ist nur eines von mehreren Themenfeldern, die im Rahmen eines Programms zur biblischen Aufklärung verhandelt werden können. Sein besonderes (ideen)politisches Gewicht erhält dieses Thema freilich durch den Vergleich mit dem Islam. Auch der Islam als jüngste der monotheistischen Religionen ist ein Seitenarm der biblischen Tradition. Für die Politik hängt viel, wenn nicht alles davon ab, wie modernisierungsfähig er ist. Als Amalgam von Politik, Gesellschaft und Religion fühlt er sich unmittelbar an den Buchstaben des ungeschaffenen Wortes Gottes, als welcher der Koran vorgestellt wird, gebunden. Dieses Konzept der *Illibration* (Annemarie Schimmel) gibt der Schrift eine ähnliche Qualität, wie sie die Tora als Text von messianischer Dignität für das orthodoxe Judentum hatte und hat. Die Schrift als Ort der Gottespräsenz fordert Gehorsam und Respekt, nicht aber historisch-kritische Untersuchung.

Für die Christen, wenn auch sie sich in Ehrfurcht vor ihrem heiligen Buch, der Bibel des Alten und Neuen Testaments, verneigen, hat die Schrift nicht diese Qualität. Für sie überbietet der inkarnierte Logos „Text und Propheten", von denen kein Jota weggenommen wird (Mt 5,17–20). Daher ist es für die christliche Theologie ein prinzipiell lösbares Problem, sich den hermeneutischen Standards der Literar- und Geisteswissenschaften anzumessen; die christliche Theologie hat diese Standards wesentlich mitentwickelt. Zwar achten auch die christlichen Kirchen in unterschiedlichem Maß auf lebensförmige Traditionen und halten gern an naturrechtlichen Vorstellungen fest, sie respektieren die Weisungen des Dekalogs, aber sie sind auch angetrieben durch die magnetische Energie eines Gottes, der kein Ding in der Welt ist. Die christlichen Kirchen sind kontrafaktische Innovatoren, die auf keine bestimmte Lebensform festgeschrieben sind.Die Art und Weise, in der – wie Jesus lehrt – die Schemata seiner Zeit und Gesellschaft auf den Fluchtpunkt des Reiches Gottes hin zu transzendieren sind, macht das Christentum zu einer dynamischen Religion. Die Abstoßungskräfte vom Ist-Zustand, sind sie erst einmal habituell geworden, lassen sich sehr gut mit den Motiven der Aufklärung verbinden, die den zivilisatorischen Fortschritt, sogar den der Naturbeherrschung, zu ihren Zielen zählte und zählt.

Man sieht, dass sich unter dem programmatischen Titel einer christlich nostrifizierten Aufklärung weite Themenfelder auftun. Das Frankfurter Symposion war nur ein bescheidener Auftakt, der das Versprechen enthält, die angespielten Melodien weiterzukomponieren. Werfen wir einen kurzen Blick auf die sechs Vorträge.

Den ersten Vortrag hielt Dr. Ansgar Wucherpfennig SJ: „Bibel und Aufklärung auf der Suche nach den religiösen Grundlagen menschlichen Zusammenlebens: die Briefe des Paulus im Lichte von Daniel Defoes Roman Robinson Crusoe". Ist der Missionar Paulus ein biblischer Aufklärer? Ein Vergleich zwischen Daniel Defoes Roman „Robinson Crusoe" und der Sammlung der Paulusbriefe im Neuen Testament sollte diese Frage beantworten. Defoes Roman gehört in die frühe Zeit der Aufklärung des 18. Jahrhunderts. In ihm ringt die Aufklärung noch mit dem bibeltreuen Verständnis des strengen englischen Puritaners Defoe. Aufklärung richtet sich daher noch nicht gegen die biblische Tradition; vielmehr erhält die Bibel eine unmittelbare Funktion in ihrem Dienst. Sie hilft Robinson Crusoe, sein eigenes Schicksal zu entschlüsseln und später den zugelaufenen Kannibalen Freitag zum Christentum zu erziehen. In solcher Sicht steht Paulus für die Tradition einer biblischen Aufklärung.

Im Vortrag von Prof. Dr. Marius Reiser „Wahrheit und literarische Arten der biblischen Erzählung" ging es um die Frage der Wahrheit der biblischen Texte. Darf man von den biblischen Geschichten auch dann noch Wahrheit erwarten, wenn sie offensichtlich historisch Falsches erzählen? Gibt es in der Bibel vielleicht Erzählungen, die auf den ersten Blick wie historische Berichte aussehen, in Wirklichkeit aber eher etwas wie Gleichnisse sind? Das hatte im 2./3. Jahrhundert schon Origenes für die ersten Kapitel der Genesis angenommen. Aber noch Ende des 19. Jahrhunderts schlug sich ein Exeget wie Franz Hummelauer mit dieser Frage herum und traute sich nicht, offen für die Lösung des Origenes einzutreten. Wie lassen sich die aufgeworfenen Fragen heute lösen? Ließen sich halb oder ganz fiktionale biblische Geschichten als symbolische Erzählungen auffassen, denen eine dementsprechende Wahrheit zuzuschreiben wäre?

In seinem Beitrag „Die Entdeckung der Unverfügbarkeit. Zum Zusammenhang von Negativität und Sinnkonstitution im Horizont der biblischen Überlieferung" wies Prof. Dr. Thomas Rentsch auf, dass Aufklärung und Anerkennung der Transzendenz Gottes zusammengehören. Dies sprachlich zu vergegenwärtigen ist Aufgabe sowohl der Philosophie als auch der Religion, beider in je eigener Weise. Der Mensch, der sich auf Gott bezogen weiß, ist sich – in biblischer Tradition – seiner Geschöpflichkeit, seiner Sündigkeit, seiner Verwiesenheit auf die Menschen neben ihm, seiner Sprachlichkeit bewusst. All dies ist dem Menschen vorgegeben und ermöglicht ein wahrhaft humanes Existieren. Ein bedeutsames aufklärerisches Potential liegt darin. Es kann dazu beitragen, das – letztlich der Gefahr der Inhumanität ausgesetzte – Ideal einer verabsolutierten, in Wahrheit nur oberflächlichen Aufklärung zu entlarven.

Prof. Dr. Hans Joas erinnerte in seinem Vortrag „Die Entstehung der Menschenrechte. Zwischen Protestantismus, Aufklärung und Expressivismus" daran, dass seit Georg Jellineks Buch von 1895 darüber diskutiert wurde, ob die Menschenrechte dem Geist der religionsskeptischen französischen Aufklärung entstammen oder den Kämpfen nordamerikanischer Protestanten. Er gab den heutigen Wissensstand zu dieser Frage wieder und zeigte auf, dass die Frage ihre Dramatik erst in einem weiteren Rahmen gewinnt, dem der Zukunft des Glaubens an angeborene Rechte des Menschen. In Abgrenzung zu Max Webers pessimistischen Prognosen reflektierte er sodann auf die Chancen religiöser Individualisierungsprozesse für die Bindung an den Glauben und eine neuartige Begründung dieses Glaubens gerade aus „expressivistischen" – das heißt alles menschliche Handeln als Ausdruck begreifenden – Quellen heraus.

Prof. Dr. Thomas M. Schmidt setzte seinen Vortrag „Postsäkulare Theologie des Rechts" bei der Frage an: Sind postsäkulare Gesellschaften postmodern? Moderne Gesellschaften gelten gemeinhin als säkulare Gesellschaften; ihre politische Legitimation und Verfassung gründen auf der Idee der religiösen und weltanschaulichen Neutralität des Staates, der die Religions- und Gewissensfreiheit seiner Bürgerinnen und Bürger respektiert und schätzt. Entstehung und Stabilität moderner Gesellschaften setzen zudem einen gelungenen Säkularisierungsprozess voraus. Erlaubt diese gängige Gleichsetzung von Säkularisierung und Moderne den Umkehrschluss, dass postsäkulare Gesellschaften postmoderner Natur sein müssen? Der Begriff des Postsäkularen hat Reaktionen ausgelöst, die ähnlich ambivalent und kontrovers sind wie die Diskussion des philosophischen Programms der Postmoderne. In der Theologie der Gegenwart befürwortet vor allem die von John Milbank und seinen Mitstreitern vertretene Richtung der „radical Orthodoxy" eine solche Identifikation von Postmoderne und Religion in modernitätskritischer Absicht. Ist er damit im Recht?

Prof. Dr. Jürgen Werbicks Beitrag „Biblische Aufklärung? Fundamentaltheologisch-wissenschaftstheoretische Klärungsversuche" rundete das Programm ab. Er diskutierte die Frage, was Aufklärung sei, in Auseinandersetzung mit Friedrich Nietzsche als Frage danach, was den „Trieb zur Wahrheit" ausmacht. Gegen Nietzsche zeigte er, dass der „Wille zur Wahrheit", weil er als das Streben nach Würdigung von Gott selbst hervorgerufen und verbürgt wird, allen Dekonstruktionsversuchen widersteht und nur als von Gott hervorgerufen unbedingt – also nicht dem Streben nach Ausbeutung unterworfen – sein kann und sein muss. Er beschrieb die Herausforderung des biblischen Erbes wahrheitstheoretisch wie wahrheitspraktisch als Ethos und Pathos unbedingter Würdigung. Es erschließt sich in der „Teilnehmerperspektive", nicht in der bloßen „Beobachterperspektive". Aus solchen Zusammenhängen werden die Dimensionen einer „biblischen Aufklärung" erkennbar.

An die Vorträge schlossen sich Diskussionen im Plenum an, die von Dr. Christoph Müller, Dr. Dieter Böhler SJ, Dr. Günter Kruck, Dr. Heinrich Watzka SJ, Dr. Oliver Wiertz und Prof. Dr. Hans Kessler moderiert wurden.

Ansgar Wucherpfennig

War Paulus ein biblischer Aufklärer?

Eine Antwort im Vergleich mit Robinson Crusoe

Nach Kants klassischer Definition ist Aufklärung „der Ausgang des Menschen aus seiner selbst verschuldeten Unmündigkeit"[1]. Diese Definition enthält eine dialektische Nuance: Aufklärung bedeutet die Befreiung von einer fremden Herrschaft. Diese Herrschaft hatte der Mensch aber ursprünglich aus eigenem Antrieb oder, wie Kant vorsichtiger formuliert, „selbst verschuldet" auf sich genommen.

Ein vergleichbares Anliegen lässt sich bei Paulus wiedererkennen. Eine seiner eindringlichen Ermahnungen im Galaterbrief klingt ähnlich aufklärerisch (Gal 5,1): „Zur Freiheit hat uns Christus befreit. Steht also fest und lasst euch nicht abermals in ein Knechtsjoch spannen." In Damaskus und in der Jerusalemer Urgemeinde übernahm Paulus den Glauben an einen vorwiegend jüdisch-nationalen Messias. Er war einer der Ersten, die diesen Glauben in Richtung einer weltweit verstehbaren Botschaft von einer neuen Gerechtigkeit weitergeführt hat. Dazu knüpfte er an zwei Traditionen an: an das biblische Weisheitsdenken und an die frühjüdische Schriftgelehrsamkeit der Pharisäer. Hier, im Brief an die Galater, sieht er seine Mission durch eine der heftigsten Konfrontationen gefährdet. Und auf dem Höhepunkt der Auseinandersetzung formuliert er das Programm seiner Mission: die neue Freiheit, die Christus gebracht hat. Wie bei Kant ist diese Freiheit auch bei Paulus durch eine Dialektik geprägt: Der Mensch muss zu seiner eigentlichen Freiheit erst befreit werden, weil er sich aus eigener Schuld unter ein Knechtsjoch spannen ließ.[2]

---

[1] Immanuel Kant, Beantwortung der Frage: Was ist Aufklärung?, in: Kant's Werke VIII (Akademie-Ausgabe), Berlin 1912, 33–42, hier 33.

[2] Die neue christliche Freiheit ist für Paulus kein Abstraktbegriff. In den Figuren Abrahams, Saras und Isaaks hat sie eine biblische Vorgeschichte (Gal 4,21–31). Entgegen einem subjektiven Missverständnis ist Freiheit bei Pau-

War der Missionar Paulus also ein biblischer Aufklärer? In der Romanfigur Robinson Crusoe hat Daniel Defoe der Aufklärung eine ihrer wichtigsten Identifikationsfiguren geschaffen. Sie bietet Vergleichsmöglichkeiten mit Paulus, mittels derer sich einer Antwort auf diese Frage näher kommen lässt.

1. Robinson Crusoe

Daniel Defoes Roman „Robinson Crusoe" erschien 1719, also noch in der Frühzeit der Aufklärung. Er geht auf ein historisches Ereignis zurück. Im Jahr 1709 wurde der verschollene Seemann Alexander Selkirk nach vier einsamen Jahren auf der Pazifikinsel Juan Fernandez von einem englischen Schiff gerettet. Wenig später schrieb der englische Seemann seine Erlebnisse in einem Reisetagebuch nieder. Seine Abenteuer wurden mehrfach literarisch aufgegriffen; die bekannteste Verarbeitung ist Daniel Defoes Roman. Bei ihm trägt der verschollene Seemann den Namen Robinson Crusoe, sein Held stammt aus dem englischen York.

Jean-Jacques Rousseau empfiehlt Defoes Roman in seinem „Émile" den Erziehern eindringlich zur Lektüre der Kinder. Rousseau kommentiert, was ihn an diesem Roman interessiert:

> *„Dieser Roman, welcher, von all seinem Schwulst befreit, mit Robinsons Schiffbruch nahe bei seiner Insel anfängt und mit der Ankunft des Schiffes endet, welches ihn von dort abholt, wird Émiles Zeitvertreib und Unterricht zugleich sein. Ich will, dass ihm der Kopf davon schwindle, dass er sich unaufhörlich mit seiner Burg, mit seinen Ziegen, mit seinen Pflanzungen beschäftige. [...] Er denke, er sei selbst ein Robinson."*[3]

---

lus durch den gegenseitigen Sklavendienst der Liebe bestimmt (5,13). Vgl. dazu Samuel Vollenweider, Freiheit als neue Schöpfung. Eine Untersuchung zur Eleutheria bei Paulus und in seiner Umwelt (FRLANT 147), Göttingen 1989, 285–321.

[3] Jean-Jacques Rousseau, Émile oder von der Erziehung, Drittes Buch, Übersetzung von Anna und Dietrich Leube, Düsseldorf – Zürich 1997, 221.

Rousseau sah in Robinson sein Ideal des natürlichen Menschen, der fernab von Kultur und Religion als Einzelner ein neues Leben beginnt. Sein idealer Zögling Émile sollte durch die Lektüre des Romans ein zweiter Robinson Crusoe werden.

Erst durch diese Leseempfehlung ist „Robinson Crusoe" zu einem programmatischen Roman für das Erziehungsideal der Aufklärung geworden. Die vielen Kurzfassungen und Verfilmungen haben den Roman, wie Rousseau es forderte, von „all seinem Schwulst" befreit. Sie haben die ursprüngliche Erzählung auf eine Handlung reduziert, die ganz ohne das Wirken Gottes auskommt. In Defoes ursprünglichem Roman ringt die beginnende Aufklärung noch mit dem strengen englischen Puritanismus, der Defoe sein Leben lang prägte. Gleich im Vorwort lässt Defoe Crusoe begründen, warum er seine Erlebnisse niedergeschrieben hat (Robinson Crusoe, 35)[4]: zum Zwecke der „Unterweisung der anderen durch das eigene Beispiel und dem Lobpreis und der Rechtfertigung der göttlichen Vorsehung, deren Weisheit sich in allen unseren unterschiedlichen Lebensumständen bekundet, wie immer es zu diesen gekommen sein mag". Und Vorsehung ist für Defoe noch ganz unaufgeklärt die Bezeichnung für eine übersinnliche Wirklichkeit, in der verschiedene göttliche Mächte im Kampf mit widergöttlichen Kräften auf die sinnliche Wirklichkeit einwirken.[5]

---

[4] Defoes Robinson-Roman ist hier zitiert nach der Übersetzung von Hannelore Novak in der deutschen Ausgabe: Daniel Defoe, Romane, Erster Band: Robinson Crusoe, Erster und zweiter Teil. Kapitän Singleton, Die Pest in London, München 1968.

[5] Zu Defoes puritanischer Prägung vgl. die ältere Untersuchung: Alice Weil, Wesen und Ursprung von Defoe's Vorstellungen der übersinnlichen Welt, Freiburg 1927. Zum Schriftverständnis des Puritanismus vgl. Henning Graf Reventlow, Bibelautorität und Geist der Moderne. Die Bedeutung des Bibelverständnisses für die geistesgeschichtliche und politische Entwicklung in England von der Reformation bis zur Aufklärung (FzKD 30), Göttingen 1980, 161–321.

2. Die Bibel in Defoes Robinson-Roman

Dunkle Schatten liegen bereits über dem Anfang von Robinsons Laufbahn, wie sie der ungekürzte Roman beschreibt. Mit seinem Wunsch, ein freier Seemann zu werden, setzt er sich gegen seinen Vater durch. Der hatte ihm zu einem bürgerlichen Kaufmannsberuf geraten, um sich den „Segnungen des goldenen Mittelstandes" anzuvertrauen. Und der große Schiffbruch kündigt sich in mehreren kleinen Schicksalsschlägen an. Schon das erste Schiff, auf dem Robinson anheuert, gerät noch im Hafen in einen schweren Sturm. Bei einer weiteren Seefahrt fällt er in die Hände von Piraten. Nach einer Zeit auf dem Festland im fernen Brasilien entschließt sich Robinson wiederum, zur See zu gehen. Erst diese Fahrt endet in dem Schiffbruch vor der Insel, auf der er 28 Jahre verweilt.

Anfangs deutet Robinson sein Schicksal nur als Verhängnis. Die Strafe für Ungehorsam, die schon in der Bibel Jona und den verlorenen Sohn traf, hat ihn ereilt. Auch nachdem er sich auf der Insel einzurichten begonnen hat, bleibt seine Sicht zunächst düster. Nach einiger Zeit entdeckt Robinson in einer alten Seemannskiste eine Bibel und beginnt täglich in ihr zu lesen. Dies markiert die Wende in der Romanerzählung. Von nun an beginnt er sein Schicksal positiv zu sehen und sein Leben auf der Insel zu gestalten. Psalmverse helfen ihm seine täglichen Erfahrungen zu deuten, zum Beispiel „Rufe mich an, und ich werde dich erretten" (Robinson Crusoe, 110) oder (ebd., 122): „Niemals will ich dich verlassen noch versäumen."

Die Aufklärung richtet sich also bei Defoe noch nicht gegen die biblische Tradition. Die Bibel steht vielmehr im Dienst der Aufklärung. Sie hilft Robinson, sich nicht fatalistisch seinem Schicksal zu ergeben, sondern darin allmählich eine positive Zuwendung göttlicher Vorsehung zu erkennen. Am Ende des Romans wird Robinson sich als Geretteten betrachten, der durch den verschlungenen Umweg des Schiffbruchs zu einem eigenen selbständigen Leben gefunden hat.

3. Die Tora bei Paulus von Tarsus

An diesem Punkt zeigt sich über die Jahrhunderte hinweg eine Parallele zwischen Defoes Robinson-Roman und den Briefen des Paulus. Die neutestamentliche Exegese beginnt erst seit einigen Jahren wieder, in Paulus neben der historischen auch eine literarische Figur zu entdecken. In der Apostelgeschichte ist offensichtlich, dass Lukas seine idealisierende Darstellung des Apostels bereits an den Christus des Evangeliums angeglichen hat: Der reisende Missionar des Reiches Gottes wird im Jerusalemer Tempel verhaftet und sieht am Ende als Gefangener in Rom wie Jesus seiner Todesstrafe entgegen.

Aber auch die Sammlung der Briefe vermittelt bereits ein literarisch gestaltetes Bild des Apostels. Ursprünglich hat es mehr Briefe des Apostels gegeben als diejenigen, die noch in der heutigen Sammlung erhalten sind. Ein Redaktor oder ein Redaktionsteam hat aus Paulus' Briefen ausgewählt und sie zu einer Sammlung zusammengestellt.[6] Die Briefe dieser Sammlung richten sich an sieben Gemeinden; der Anhang mit Briefen an die beiden wichtigen Paulus-Mitarbeiter Timotheus und Titus liest sich wie ein literarisches Vermächtnis. Für zeitgenössische Christen las sich diese Paulus-Sammlung wie eine Tour d'Horizon durch den nordöstlichen Teil des römischen Kaiserreichs. Sie warf ein Licht auf sieben Gemeinden in unterschiedlichen geographischen Gebieten des Reichs; drei davon waren multikulturelle Zentren von weit reichender Bedeutung: Rom, Korinth und Ephesus. Durch biographische Details in den Briefen konnten Leser die lebensbedrohenden Umstände von Paulus' Missionarslebens noch erahnen (2 Kor 11,23–28). Grußlisten an Christen der Gemeinden und eingestreute Kurzschilderungen warfen ein Schlaglicht auf das Leben seiner Gemeinden (Röm 16,1–16; Kol 4,7–18). Paulus' Briefe lasen sich daher für Christen der Antike wie authentische Dokumente seiner missionari-

---

[6] Vgl. Hans-Josef Klauck, Die antike Briefliteratur und das Neue Testament, Paderborn 1998, 248–250; David Trobisch, Die Entstehung der Paulusbriefsammlung. Studien zu den Anfängen christlicher Publizistik (NTOA 10), Fribourg – Göttingen 1989.

schen Reise, einer „Robinsonade", bei der Theologie und eigene Erfahrung eng zusammenhängen. Die Herausgeber haben in dem Paulus der Briefe schon an der Wende vom ersten zum zweiten Jahrhundert eine literarische Figur geschaffen und damit eine der wichtigsten Identifikationsfiguren des jungen Christentums. Paulus von Tarsus und Robinson Crusoe sind daher zu Typen geworden. Paulus wurde durch die Redaktoren seiner Briefe zum Typos des Missionars und der christlichen Existenz überhaupt, und Defoes Romanheld Robinson wurde durch die Rezeption Rousseaus zum exemplarischen Vertreter des aufgeklärten Menschenbildes.

Was für den Christen Robinson die Bibel ist, das ist für den Juden Paulus die Tora. Sie stand zu seiner Zeit bereits ähnlich kanonisch fest wie in der frühen Aufklärung die christliche Bibel. Paulus nennt sie mit der Septuaginta „das Gesetz". Eingebettet in den Glauben an Jesus als den Messias bleibt die Erfüllung der Tora für Paulus Grundlage seiner Mission. Im Römerbrief beschreibt Paulus diese Erfüllung der Tora folgendermaßen (Röm 13,8 – 9): „Wer den anderen liebt, hat das Gesetz erfüllt. Denn die Gebote: Du sollst nicht die Ehe brechen, du sollst nicht töten, du sollst nicht stehlen, du sollst nicht begehren! und alle anderen Gebote sind in dem einen Satz zusammengefasst: Du sollst deinen Nächsten lieben wie dich selbst." Paulus nennt hier die Gebote der zweiten Dekalogtafel als Summarium der Tora. Noch einmal kondensiert lässt sich die ganze Tora einzig in dem Liebesgebot zusammenfassen.[7] Ähnlich scheint auch bei Defoe der Dekalog die ethische Grundlage zu sein, die einen Führungsanspruch christlicher Kultur gegenüber den heidnischen Kannibalen begründet.

---

[7] Paulus' Haltung gegenüber der Tora ist nicht, wie dies oft behauptet wird, „gesetzesfrei". Ziel seiner Verkündigung bleibt die Erfüllung der Tora. Martin Hengel und Anna Maria Schwemer haben Paulus' Haltung gegenüber der Tora daher „gesetzeskritisch" genannt. Die Kritik, mit der Paulus der Tora gegenübertritt, bleibt aber die eines Schriftgelehrten, der in seiner Kritik den Sinn der Schrift als Ganzer im Blick behält.

4. Aufklärung und Gewaltverzicht: Robinson und die Kariben

Robinson ist davon überzeugt, dass die Vorsehung auch das Leben der Nicht-Christen leitet. Dies zeigt seine Begegnung mit einem Stamm von Kariben, der auf seine Insel kommt. Er erwägt zunächst, sie bei ihren kannibalischen Riten zu überfallen und zu töten, lässt diesen Plan aber im Gedanken an die Vorsehung Gottes wieder fahren (Robinson Crusoe, 167 f.):

> *„Was die Verbrechen angeht, deren sie sich gegeneinander schuldig machten, so hatte ich nichts damit zu tun; das waren Verbrechen ihres Volkes, und ich musste sie der Gerechtigkeit Gottes überlassen, der der Herr über alle Völker ist und weiß, wie Er durch Bestrafung eines ganzen Volkes Vergeltung übt für dessen Sünden und wie Er öffentliches Gericht hält über die, die öffentlich gesündigt haben, so wie Er es für gut befindet."*

Robinson verkörpert mit seiner Herkunft aus York und seiner Abstammung von einer Bremer Kaufmannsfamilie die christliche Tradition Europas. Seine Mutter ist ebenfalls Deutsche, sein Bruder dient in einem englischen Infanterieregiment in Flandern. In der Begegnung mit den Kannibalen trifft das christliche Europa Robinsons erstmals auf eine ihm vollkommen fremde Kultur. In dieser Situation brechen im Roman die noch unfertigen Ideen der Frühaufklärung durch. Robinson ist der neue Europäer. Er weigert sich, „das barbarische Benehmen der Spanier in Amerika" (Robinson Crusoe, 167) nachzuahmen. Trotz seiner deutlichen Ablehnung des Kannibalismus erkennt er an, dass er selbst kein Recht hat, auf die fremden Eingeborenen loszugehen, und begründet dies mit dem Gedanken an die Vorsehung Gottes. In der Begegnung mit der fremden Religion zeigt sich die frühe Aufklärung in Robinsons Verzicht auf Gewalt. Er delegiert das Eingreifen ganz an die göttliche Vorsehung.

Neben die religiöse Begründung schiebt sich keimhaft eine zweite Instanz (Robinson Crusoe, 167): „Die Stimme der Religion vereinte sich hier *mit der Stimme der Klugheit,* und ich war nun auf jede Weise überzeugt, dass es nicht meine Aufgabe war, blutdürstige Pläne für die Vernichtung dieser unschuldigen Geschöpfe auszuhecken [...]." Neben der Religion wird die Vernunft als Begründungsmöglichkeit erkennbar, auch wenn sie sich im Roman nie als eigenständige Instanz etabliert.

Mit seinem neuen Weg sieht sich Robinson der repressiven Eroberung und Mission der „Papisten" voraus. Seine Position bleibt allerdings allein negativ durch das Nein zur eigenen Gewalt bestimmt.

5. Aufklärung und Mission: Paulus

Wie Robinson war auch Paulus auf seinen Reisen als Missionar mit massiven Kulturdifferenzen konfrontiert. Damaskus und die nabatäischen Gebiete im Osten des römischen Reichs, in denen seine Missionarstätigkeit begann, die Hafen- und Handelsmetropole Korinth, das kleinasiatische Ephesus mit dem florierenden Wallfahrtstempel der Artemis, die Hauptstadt Rom und schließlich Spanien, das Ziel des möglicherweise unvollendet gebliebenen letzten Reiseprojekts, machten Paulus das gesamte Spektrum des damaligen römischen Weltreichs erfahrbar.[8] Die multikulturelle Umwelt und ihre vielfältigen religiösen Kulte waren dem monotheistischen Juden Paulus ähnlich fremd wie die kannibalistischen Bräuche dem neuzeitlichen Seefahrer Robinson. Beide waren einem „Clash of Civilizations" ausgesetzt. Anders als es Robinson der neuzeitlichen Eroberung durch das Königreich Spanien vorwirft, ist Paulus' Verkündigung vom klaren Verzicht auf die Ausübung eigener Gewalt geprägt (Röm 12,19): „Verschafft euch nicht selbst Recht!" Die Christen haben den Ausgleich menschlicher Ungerechtigkeit ähnlich wie Robinson ganz in die Gewaltausübung Gottes delegiert: „[...] gebt dem Zorn (Gottes) Raum, denn es ist geschrieben: ‚Mein ist es, Recht zu schaffen; ich werde vergelten, spricht der Herr.'"

---

[8] Zu den Kulturdifferenzen am östlichen Rand des römischen Reichs und im westlichen Mittelmeerraum vgl. Richard Bauckham, What if Paul had travelled East rather than West?, in: Bibl. Interpr. 8 (2000), 171–184.

Bei Paulus aber ist der Verzicht auf die eigene Rechtsausübung positiv mit einer theologischen Geschichtsdeutung verbunden. Sie ergänzt Robinsons Haltung, denn erst sie gibt dem gemeinsamen Gewaltverzicht eine Perspektive. Die Begegnung des jüdisch-christlichen Bekenntnisses mit einer fremden Umwelt reflektiert Paulus bereits an früherer Stelle im Römerbrief am Beispiel der nichtjüdischen „Goyiim" (Röm 2,14–15):[9] „Wenn nämlich Völker, welche das Gesetz nicht haben, von Natur aus tun, was des Gesetzes ist, so sind diese, die das Gesetz nicht haben, sich selbst Gesetz. Sie zeigen das Werk des Gesetzes in ihre Herzen eingeschrieben, indem ihr Gewissen es mitbezeugt." Als Jude kann sich Paulus vorstellen, dass die nichtjüdischen Völker durch die Führung Gottes zur ethischen Befolgung des jüdischen Gesetzes gelangen können. Paulus steht damit in der Tradition der spezifisch weisheitlichen Aufklärung innerhalb der Bibel. Schon der Weisheitslehrer Jesus Sirach hat zusammendenken können, dass Gott seine Weisheit allen Völkern eröffnet, aber dennoch nur Israel unter den Völkern ausgezeichnet hat, weil es in der Gabe der Tora diese Weisheit in seiner Schrift studieren konnte. Paulus griff auf das Buch Jeremia zurück, um dies zu erklären. Gott schreibt seine Tora in die Herzen – so hatte schon der Prophet geschrieben (Jer 31,33). Der Maßstab bleibt für ihn die Tora. Aber *Gott kann* (!) seine Tora souverän auch anderen Völkern ins Herz schreiben. Hier zeigen sich die biblischen Wurzeln des aufgeklärten Gewaltverzichts. Er hängt für Paulus ganz eng mit seiner Arbeit als Missionar zusammen: Gott hat bereits an den fremden Völkern gehandelt. Als Missionar geht Paulus zu den Orten, an denen Gott den Völkern einen Weg zu sich eröffnet hat.

Das bedeutet sicher nicht, dass dem Missionar Paulus oder dem Seefahrer die Unterschiede zu den fremden Religionen gleichgültig geworden wären. Weder Paulus noch Robinson führt der klare Verzicht auf Gewalt zu einer aufgeklärten religiösen Toleranz. Robinson ist eindeutig in seiner Ablehnung der kannibalischen Riten. Dies gilt ebenso für Paulus. Mit seiner

---

[9] Vgl. dazu Michael Theobald, Das biblische Fundament der kirchlichen Morallehre, in: ders., Studien zum Römerbrief (WUNT 136), Tübingen 2001, 519–536.

Kritik an den Götzenkulten stellt er sich in die Reihe der Propheten Israels. Nach 1 Kor 10,20 wäre er nie und nimmer bereit gewesen, dem heidnischen Opferkult auch nur ein Körnchen Wahrheit abzugewinnen: „Was sie opfern, den Dämonen opfern sie – nicht Gott. Ich will jedoch nicht, dass ihr Teilhaber der Dämonen werdet." An den biblischen Wurzeln der Aufklärung, die sich noch bei Robinson zeigen, steht also die Mission: der Auftrag, Menschen aus den Verstrickungen entfremdender Religion zu befreien und sie zu dem wahren Gott zu führen, der in ihrem Herzen bereits gehandelt hat.

6. Aufklärung und Erziehung: Robinson und Freitag

Dieser Ansatz entfaltet sich in einer zweiten Gemeinsamkeit zwischen Robinson und dem biblischen Apostel. Von Beginn an ist für Robinson die Einsamkeit auf der Insel ein Problem. Rührend berichtet eine Szene, wie Robinson auf der Insel unter seinen Tieren wie ein einsamer absoluter Monarch herrscht (Robinson Crusoe, 149):

> *„Man musste mich auch sehen, wenn ich wie ein König speiste, ganz allein gewartet nur von meinen Dienern; Poll – ein sprechender Papagei –, gleichsam mein Favorit, hatte als Einziger die Erlaubnis, mit mir zu sprechen. Mein Hund, der sehr alt und wunderlich geworden war und nicht seinesgleichen gefunden hatte, um sich fortzupflanzen, saß immer zu meiner Rechten, und zwei Katzen saßen, die eine auf der einen, die andere auf der anderen Seite des Tisches und harrten jeden Bissens aus meiner Hand, den ich ihnen dann und wann als Zeichen meiner besonderen Gnade hinwarf."*

Erst nachdem Robinson Freitag gefunden hat, findet er das Ideal menschlicher Gemeinschaft. Dazu bedarf es allerdings einer längeren Erziehung, die Defoe noch im klassischen Sinn als „e-ruditio" versteht. Robinson muss Freitag vom Schicksal des rohen Kannibalismus befreien (Robinson Crusoe, 194): „Wohl sah ich, dass Freitag noch immer das Wasser im Mund zusammenlief nach diesem Fleisch und dass er *seiner Natur nach* noch immer der gleiche Kannibale war. Allein ich bezeugte bei dem bloßen Gedanken daran und der kleinsten Spur davon einen solchen Abscheu, dass er seinem Wunsch nicht nachzukommen wagte." Robinsons eigenes Vorbild und schließlich die Androhung von Gewalt sind die wichtigsten Erziehungsmittel. Später kommen die Sprache und die Lehre aus der Bibel hinzu. Freitag wird zum Christen bekehrt und ein Sklave Robinsons. Am Ende wird Robinson eine lebenslange Freundschaft mit Freitag verbinden, auch wenn dieser als Sklave zeitlebens von seinem Erzieher Robinson abhängig bleibt.

7. Aufklärung und Taufe: Paulus

Auch Paulus sieht sich als Erzieher seiner Gemeinden. Schon in dem vermutlich ältesten erhaltenen Brief an die Thessalonicher beschreibt er sich selbst als Vater (2,11), der seine Kinder dazu anleitet, nach den Maßstäben des Reiches Gottes zu leben. Im Korintherbrief spricht er die Gemeinde als „seine geliebten Kinder" an (4,14). Dabei gebraucht er eine Sprache, die schon in der jüdischen Weisheit das Verhältnis zwischen Lehrer und Schüler beschreibt. Den Korinthern schreibt er, dass er ihnen anfangs Milch als Nahrung gab, und verwendet damit ein verbreitetes antikes Bild für den Elementarunterricht (1 Kor 3,2). Er erinnert sie sogar daran, dass er sie in Christus gezeugt hat (1 Kor 4,15).

Ziel der Erziehung ist bei Paulus die Taufe der Heiden. Paulus kann diese mit der gleichen Lichtmetaphorik beschreiben wie die spätere Aufklärung (2 Kor 4,6): „Der Gott nämlich, der sprach: Aus Finsternis wird Licht erstrahlen – er ist in unserem Herzen erstrahlt; auf dass die Erkenntnis der Herrlichkeit Gottes im Angesicht Jesu Christi aufleuchte." Die Lichtsymbolik in den Selbstbezeichnungen der Philosophie des 18. Jahrhunderts klingt hier an: das „Siècle de Lumières" (Marmontel), Miltons „Enlightenment" und die kantsche „Aufklärung".

Paulus bezieht sich hier auf die Offenbarung auf dem Berg Sinai in der Tora. Dort konnte Mose von Angesicht zu Angesicht mit Gott sprechen. Nach seiner Begegnung auf dem Berg strahlte sein Antlitz beim Abstieg noch so sehr, dass das Volk es nicht ertragen konnte. Mose musste einen Schleier vor dem Gesicht tragen, wenn er vor das Volk trat. Jetzt aber haben die Getauften in ihrem Herzen den göttlichen Glanz auf dem Angesicht des Messias erkannt. Gott von Angesicht zu Angesicht zu sehen steht auch für Paulus noch aus (1 Kor 13,12). Aber was er hier beschreibt, weist in die Richtung einer Demokratisierung der Sinaioffenbarung: Was selbst dem Gesetzgeber und archetypischen Führer Israels, Mose, nicht gewährt war, das eröffnet Gott den Getauften: einen je persönlichen Zugang in Jesus Christus. Auf dieser persönlichen Begegnung mit Gott beruht eine Gemeinschaft, deren Mitgliedschaft nicht mehr durch soziale, gesellschaftliche und religiöse Herkunft bestimmt ist (Gal 3,28).[10]

8. Paulus als biblischer Aufklärer?

Ist Paulus ein biblischer Aufklärer? Die frühe Aufklärung in Defoes Robinson-Roman ließ Ansätze erkennen, die christliche europäische Kultur wieder neu an biblische Wurzeln zurückzubinden. Robinson ist ein erster neuer Europäer. Auf einer Insel in der Karibik, fernab vom alten Europa, beginnt er, allein auf die Bibel und auf seine Vernunft ein neues Gemeinwesen zu gründen. In der Begegnung mit der fremden Kultur der Kariben verzichtet Robinson auf die Ausübung eigener Gewalt. Allein durch die geduldige Erziehung Freitags wächst in der Erzählung der Kern einer neuen Gesellschaft, die am Ende auch im alten Europa Fuß zu fassen beginnt. In den Briefen des Paulus zeigten sich die biblischen Wurzeln dieser Aufklärung. Es sind zwei der Momente, die dem Christentum in den ersten Jahrhunderten eine historisch beispiellose friedliche Ausbreitung ermöglichten:[11] die *missionarische Verkündigung* Jesu als des Gesandten, durch den der eine Gott Israels allen Menschen einen Zugang

---

[10] Vgl. Daniel Boyarin, A Radical Jew. Paul and the Politics of Identity, Berkeley – Los Angeles 1994, 180–191.

[11] Vgl. dazu Rodney Stark, Der Aufstieg des Christentums. Neue Erkenntnisse aus soziologischer Sicht, Weinheim 1997.

zu sich eröffnet hat, und die *Taufe* als Besiegelung eines zurück-
liegenden Umkehrprozesses.

Bei Paulus wurde eine Tradition von Aufklärung wiederbelebt, die in der Bibel im Grunde schon lange vor ihm entstand.
Sie betrachtet die monotheistische Entdeckung des *einen* Gottes
als Grund aller Aufklärung. Er als der eine Gott ist nicht nur
deistischer Schöpfer, sondern souverän Handelnder in der gesamten Geschichte. Die Entdeckung des einen Gottes Israels
hatte für die Bibel eine konsequente Entzauberung aller ge-
schaffenen Wirklichkeit zur Folge. Paulus führt diesen Gedanken in einem streng monotheistischen Sinn fort. Dass Gott der
Herr der Schöpfung ist, bedeutet, die partikulare Gotteserfah-
rung Israels in seiner Mission weltweit zu öffnen. Dies war das
Ergebnis seiner Bekehrung vor Damaskus.[12] Dort hat Gott ihm
seinen Sohn als Messias Israels geoffenbart, als den erhöhten
Herrn, dessen Reich einmal bis an die Grenzen der Erde reichen
wird. Für Paulus ist die Heilige Schrift daher keine abgeschlossene Vergangenheit, sondern der Beginn einer Geschichte, deren
Ende noch aussteht.

Jean-Jacques Rousseau führte Defoes Erziehungsvorstellung,
wie sie im „Robinson Crusoe" dargelegt ist, weiter. Hatte Defoe
mit Robinsons Suche noch an der traditionellen Vorstellung
vom Menschen als „Zôon politikon" festgehalten, sieht Rousseau
in der Einsamkeit des Menschen das natürliche Ideal. Ziel der Erziehung ist, ihn möglichst lange in diesem ursprünglichen Ideal
festzuhalten. Erziehung ist nicht mehr „e-ruditio". Sie bedeutet,
den Menschen frei zu halten von Einflüssen, die ihn von seinem
natürlichen Ursprung entfremden. Die biblische Religion und
alle Kulturleistungen gehören zu diesen Entfremdungen des natürlichen Menschen. Rousseau geht sogar so weit, das Ideal einer
natürlichen Sprache zu postulieren. Aufklärung bedeutet, den
Menschen zu seinem ursprünglich natürlichen Zustand zurückzuführen und wieder Herr seiner selbst werden zu lassen. Erst
durch diese weiter gehende Autonomisierung des Menschen
konnte die Vorstellung eines Gemeinschaftswesens entstehen,
in dem der Bezug zu Gott als Grundlage entbehrlich wurde.

---

[12] Vgl. D. Boyarin, A Radical Jew (s. o. Anm. 10), 39–56.

In ihrem weiteren Verlauf hat sich die Aufklärung also von ihren biblischen Wurzeln getrennt, die sie am Anfang noch getragen hatten. Paulus als einen biblischen Aufklärer zu verstehen, bedeutet nicht nur, zentrale Ideen der Aufklärung schon bei ihm finden zu können. Es bedeutet auch, Ideen und Werte, die heute von der Aufklärung besetzt sind, wie Paulus vom biblischen Monotheismus her wieder neu zu verstehen. Dies gilt für das biblische Verhältnis Gottes zu seinem Volk, für Toleranz, Erziehung und auch für das Verständnis von Freiheit. Anders als für die spätere Aufklärung hat für Paulus der Mensch seine ursprüngliche Freiheit verloren. Er kann sie nur wiedergewinnen, wenn Gott ihm seinen Sohn als den wiederkommenden Herrn offenbart und er sich diesem Herrn als seinem Befreier in den Dienst stellt. Deswegen bezeichnet Paulus sich gewöhnlich ganz im Sinn der Tora (Lev 25,55) als „Sklaven Gottes". Dies bestimmt das Verhältnis zu seinen Gemeinden. So schreibt er an die Korinther (2 Kor 4,5): „Nicht uns selbst verkünden wir, sondern Jesus den Messias als Herrn – uns aber als eure Sklaven um Jesu willen."

Marius Reiser

Wahrheit und literarische Arten der biblischen Erzählung

1. Eine gescheiterte Aufklärung

Im Jahr 1904, als die so genannte Modernismuskrise ihrem Höhepunkt zustrebte, erschien in der Herderschen Verlagsbuchhandlung mit dem Imprimatur des Freiburger Erzbischofs ein Buch mit dem schlichten Titel „Exegetisches zur Inspirationsfrage. Mit besonderer Rücksicht auf das Alte Testament".[1] Sein Verfasser war der Jesuit Franz von Hummelauer.[2] Der 62-Jährige war seit 1903 Konsultor der Päpstlichen Bibelkommission und bisher vor allem als Mitbegründer einer lateinisch verfassten Kommentarreihe hervorgetreten, für die er sieben Bände selbst geschrieben hatte, darunter die Kommentare zu den Büchern Genesis, Exodus, Numeri und Deuteronomium. Mit dem Buch von 1904 wandte er sich zum ersten Mal einer zentralen hermeneutischen Frage zu. Es sollte das Ende seiner exegetischen Laufbahn nach sich ziehen.

Schon im Jahr darauf erschien in Innsbruck ein Büchlein mit dem Titel „Der Kampf um die Wahrheit der H. Schrift seit 25 Jahren. Beiträge zur Geschichte und Kritik der modernen

---

[1] F. von Hummelauer, Exegetisches zur Inspirationsfrage. Mit besonderer Rücksicht auf das Alte Testament (Bibl. Studien 9/4), Freiburg i. Br. 1904.

[2] Zu Leben und Werk Hummelauers vgl. A. Bea, Art. ‚Hummelauer (François de)', in: DBS 4 (1949), 144–146; P. Steinig, Theologie im Zeitalter wissenschaftlicher Autonomie. Das systematische Anliegen des Exegeten Franz von Hummelauer SJ (1842–1914), in: G. Schwaiger (Hg.), Aufbruch ins 20. Jahrhundert. Zum Streit um Reformkatholizismus und Modernismus, Göttingen 1976, 43–55. Besonders zum Echo und zur weiteren Rezeption von Hummelauers Buch von 1904 vgl. J. Stengers, Un grand méconnu dans l'histoire de la libération de la pensée catholique: Hummelauer, in: Problèmes d'histoire du christianisme 9 (1980), 163–188.

Exegese".[3] Sein Verfasser war ebenfalls ein Jesuit, Leopold Fonck. Dieser geht ausführlich auf Hummelauers Werk ein. Er findet darin eine falsche Beschränkung der Irrtumslosigkeit der Heiligen Schrift und eine Relativierung der Wahrheit der „inspirierten Geschichtserzählung"[4]. Er hält Hummelauer seine 25 Jahre früher vertretene Auffassung vor, nach der es in einem inspirierten Geschichtswerk wie dem Buch Genesis keine Legenden geben könne.[5] Mit seiner neuen Auffassung sei „der Boden der Tradition vollständig verlassen und eine Umwälzung aller exegetischen Anschauungen in Vorschlag gebracht, wie sie bisher in der kirchlichen Schriftforschung noch nicht da gewesen ist"[6]. Obwohl der Provinzial und alle Zensoren der Auffassung waren, Hummelauers Auffassungen seien vertretbar, mit dem katholischen Glauben vereinbar und im deutschen Diskussionskontext sogar eher moderat, kam es 1908 zum Beschluss, ihn ganz aus der Exegese zu entfernen, was auch zum Ausschluss aus der Bibelkommission führte.[7] Im Gehorsam nahm er die Entscheidung an und ging „als Operarius", das heißt zur Seelsorge, nach Berlin. Er hatte wesentlichen Anteil am Aufbau der dortigen Ordensniederlassung.[8] Danach musste er sich aus gesundheitlichen Gründen zurückziehen. Er starb 1914.

---

[3] L. Fonck SJ, Der Kampf um die Wahrheit der H. Schrift seit 25 Jahren. Beiträge zur Geschichte und Kritik der modernen Exegese, Innsbruck 1905. Er war nicht der einzige Jesuit, der das Werk angriff: vgl. J. Stengers, Méconnu (s. o. Anm. 2), 175–177.

[4] Diesen Ausdruck gebraucht Fonck ebd., 141.

[5] Ebd., 169 f.

[6] Ebd., 173.

[7] Vgl. K. Schatz SJ, „Liberale" und Integralisten unter den deutschen Jesuiten an der Jahrhundertwende, in: Rottenburger Jahrbuch für Kirchengeschichte 21 (2002), 141–162, hier 142–148. Er geht anhand von Dokumenten dem Hintergrund im Orden nach. Ich danke P. Klaus Schatz für seine Hinweise.

[8] Ebd., 148. Die Weise, wie er das Ganze „geistlich bewältigte, ist nicht anders denn als heiligmäßig zu bezeichnen" (ebd.).

2. Der unwillkommene Diskussionsbeitrag

Was war das Anliegen des umstrittenen Buchs von 1904? Hummelauer geht von einer Erfahrung aus, die er im Vorwort so formuliert: „Der schlichte Christ liest seine biblischen Erzählungen und wird derselben froh; der Exeget bei seinem Gang durchs Paradies stolpert bei jedem Schritt. Es ist allemal nur ein Stein, eine Wurzel, aber es stört den Genuss."[9] Die „Steine" und „Wurzeln" im Paradies der Heiligen Schrift, das sind die historischen Probleme, die sie immer wieder aufwirft. Und Hummelauer nennt gleich im Vorwort drei Prinzipien, die seiner Ansicht nach einen Großteil dieser Schwierigkeiten beheben können. Das wichtigste Prinzip ist das erste: die Einsicht, dass es im Alten Testament – und das gilt natürlich auch vom Neuen – „verschiedene literarische Arten" gibt. Jede dieser Arten „hat die ihr eigentümliche *Wahrheit,* welche allein man von ihr zu fordern berechtigt ist". Diese Wahrheit muss nicht immer „die streng historische", sie kann auch die „einer mehr oder weniger freien Erzählung sein". Diese Einsicht bedeutete eine Abkehr von Hummelauers bisheriger Exegese, obwohl sie nicht neu war[10] und, wie selbst Fonck zugesteht, grundsätzlich richtig.[11] Die Schwierigkeit liegt in der Anwendung des Prinzips, das heißt in der konkreten Bestimmung der literarischen Arten und der ihr jeweils eigentümlichen Wahrheit. Hummelauer unterscheidet „allgemein drei Klassen oder Gattungen von Erzählungen: die *geschichtliche* Erzählung, welche belehren will über Geschehenes; die *didaktische* Erzählung, welche Belehrung erteilt über die Sitten; die *epische* Erzählung, welche sich den Kunstgenuss zur Aufgabe stellt". Diese Gattungen treten „auch in vielfacher

---

[9] F. von Hummelauer, Exegetisches (s. o. Anm. 1), V.

[10] Hummelauer selbst beruft sich dabei auf M.-J. Lagrange, aber auch auf P. Schanz und F.-X. Patrizi (ebd., 3). Näheres bei J. Stengers, Méconnu (s. o. Anm. 2), 170 f. „Mais ce n'étaient là que quelques amorces partielles et timides" (ebd., 171). Über Hummelauers Wende schreibt Stengers: „Le P. Hummelauer est désormais saisi par le démon de la critique" (ebd., 173). Das ist doch wohl übertrieben, ebenso wie die Rede vom „zèle du converti" im Buch von 1904 (ebd., 173). Hummelauer war sicher kein „Revolutionär", wie Stengers behauptet (ebd., 175).

[11] L. Fonck, Kampf (s. o. Anm. 3), 154 f.

Mischung auf"[12]. Konkret benannt und nacheinander behandelt werden dann die Fabel, die Parabel, epische Dichtung, religiöse Geschichte, alte Geschichte, Volkstradition (Familientradition), freie Erzählung, Midrasch, prophetische/apokalyptische Erzählung. Wir sehen heute auf den ersten Blick, dass dieser Versuch, die biblischen Erzählsorten zu kategorisieren, nicht nur unbefriedigend, sondern unglücklich ist. Auch Hummelauers Ordensbruder Augustin Bea, der ihm im Übrigen sehr gewogen war, vermisste eine eigentlich literarisch-stilistische Begründung der unterschiedenen Gattungen und einen gründlichen Vergleich mit der antiken Historiographie.[13]

Unbeschadet dieses berechtigten Einwands bleibt Hummelauers Grundeinsicht richtig: Biblische Erzählungen (und nicht nur biblische!) vermitteln unter einer historischen *Form* nicht immer auch einen historischen *Gehalt*. Die Wahrheit des Erzählten besteht deshalb nicht unbedingt in der Historizität des Erzählten, sondern kann in einem Gehalt bestehen, für den Hummelauer allerdings keinen rechten Namen hat. Er spricht von Erbauung, religiöser und sittlicher Belehrung, „metaphorischer" und „poetischer Wahrheit".[14] Als schlagendes Beispiel dafür, wie wichtig die richtige Gattungsbestimmung ist und wie leicht sich darin selbst ein antiker Mensch vertun kann, führt er das Natansgleichnis in 2 Sam 12 an. Dieses hält David zuerst für eine Geschichte von wirklich Geschehenem, bis Natan zu ihm sagt: „Du bist der Mann!"[15]

Aber auch außerhalb der rein fiktionalen Gattungen wie Gleichnis und Fabel, in den Geschichtserzählungen, finden sich Anteile von Dichtung, wie dies für antike Geschichtsschreibung insgesamt gilt. Wir dürfen hier nur „allgemeine Übereinstim-

---

[12] F. von Hummelauer, Exegetisches (s. o. Anm. 1), 5.

[13] A. Bea, De inspiratione Scripturae sacrae, Rom 1930, 71–77; ders., Art. ‚Hummelauer (François de)', in: DBS 4 (1946), 146.

[14] Von „metaphorisch wahr" spricht Hummelauer in Bezug auf Fabeln und Gleichnisse (Exegetisches, s. o. Anm. 1), von „poetischer Wahrheit" am Beispiel von Ps 136,15 (ebd., 9): „Das mag historisch falsch sein, ist aber poetisch wahr, und einzig die poetische Wahrheit soll man von der Dichtung fordern."

[15] Ebd., 4.

mung mit dem Tatbestand bei freier Darstellung"[16] erwarten, im Fall der „Volkstradition" gar nur einen „historischen Kern"[17]. Zur „Volkstradition", die auf mündlicher Überlieferung basiert, zählt Hummelauer auch die Urgeschichte.

Von welcher Form der Exegese sich Hummelauer mit diesen Einsichten und tastenden Überlegungen frei machen wollte, klärt sich am besten an einem Beispiel. An diesem Beispiel kann man zugleich ablesen, wohin die von Hummelauers Gegnern gewünschte Sicht der Dinge unausweichlich führt. Ich entnehme das Beispiel Hummelauers eigenem Kommentar zum Buch Genesis, der 1895 erschien.[18]

Es geht um zwei Verse aus der Perikope von der Erschaffung Evas. In Gen 2,21 heißt es, dass Gott einen tiefen Schlaf auf Adam fallen ließ. Der Kommentator fragt nun: Welcher Art war dieser Schlaf? Doch bestimmt keiner natürlichen, denn die Entfernung der Rippe muss doch sehr schmerzhaft gewesen sein. Also war es ein übernatürlicher Schlaf. Aber nicht nur das. Adams Feststellung nach seinem Erwachen „Das ist Bein von meinem Bein" beweist, dass er die Operation im Schlaf mitverfolgen konnte, was nicht einmal eine Narkose mit Chloroform erreicht. Daraus schließt Hummelauer, dass es sich um einen übernatürlichen Schlaf mit gottgesandter Vision gehandelt haben müsse.

Anschließend erklärt er, dass die entfernte Rippe nach Hieronymus und jüdischen Targumen die dreizehnte auf der rechten Seite war. Schon seit alters habe sich die Frage gestellt, wie viele Rippen Adam denn *vor* dieser Operation hatte. In einem Exkurs gibt er dann seine eigene Antwort. Waren es nämlich zwölf auf jeder Seite, dann war Adam nach Entfernung einer Rippe verstümmelt; hätte er aber auf einer Seite dreizehn gehabt, wäre er ein Monstrum gewesen. Die Lösung des heiligen Thomas, dass Adam zwar eine dreizehnte Rippe hatte, aber nicht als Individuum, sondern nur als Anfang der Spezies,[19] lehnt Humme-

---

[16] Ebd., 19.

[17] Ebd., 23.

[18] F. de Hummelauer SJ, Commentarius in Genesim (Cursus Scripturae sacrae I/1), Paris 1895.

[19] STh I 92, 3 ad 2.

lauer ab und entscheidet sich für die Lösung, dass Gott die herausgenommene Rippe sofort wieder ersetzte.[20]

Wir sehen an diesem Beispiel, wohin der ernsthafte Versuch führt, eine Erzählung, die kein historischer Bericht über geschehene Tatsachen sein will, als solchen zu lesen. Dann ist der Interpret ständig gezwungen, Fragen an den Text zu stellen, die diesem fremd und unangemessen sind, und den Text dort auf phantasierende Weise zu ergänzen, wo das Erzählte Fragen nach der realen Möglichkeit und Wahrscheinlichkeit offen lässt. Es ehrt Hummelauer, dass er das Verfehlte, ja Absurde dieser Art der Exegese einsah, die er mehr als 25 Jahre lang selbst betrieben hatte, und dass er nach einem neuen Verständnis suchte, das ihm die Stolpersteine beim Gang durchs Paradies aus dem Weg räumen könnte.

Mit seinem Buch von 1904 wollte er nur einen Beitrag zur Diskussion liefern;[21] aber die Diskussion wurde abgewürgt. Dabei war diese Diskussion so alt wie die Exegese selbst und hatte in ihrem ersten großen Vertreter eine Lösung hervorgebracht, die weit radikaler war als die Hummelauers. Ob Hummelauer, der sich vereinzelt auch auf Kirchenväter beruft,[22] diese Lösung nicht gekannt hat oder sich nicht darauf beziehen wollte, weiß ich nicht. Sie sei im Folgenden vorgestellt.

3. Der Sinn der Stolpersteine

Mit seinem Werk „Über die Prinzipien" schuf Origenes die erste systematisch angelegte Darstellung des christlichen Glaubens und zugleich die erste Hermeneutik der Bibelauslegung, auf die er das ganze vierte Buch verwendet.[23] Darin kommt er auch auf Hummelauers Problem zu sprechen. Er redet ausdrücklich von den „Fußangeln", „Anstößen" und „Unmöglichkeiten", auf die

---

[20] F. de Hummelauer, Gen (s. o. Anm. 18) 144 f. Vgl. auch 149 f.

[21] F. von Hummelauer, Exegetisches (s. o. Anm. 1), VI.

[22] Ebd., 10 (Gregor von Nyssa). 12 (Augustinus).

[23] Eine bequeme Handausgabe bietet: Origenes, Vier Bücher von den Prinzipien, hg. v. H. Görgemanns/H. Karpp, Darmstadt 1976. Der dort gebotenen Übersetzung kann ich jedoch nur teilweise folgen.

der aufmerksame Leser in der Heiligen Schrift immer wieder treffe, und zwar nicht nur in ihren gesetzlichen Teilen, sondern auch in ihren Geschichtserzählungen. Doch sollen diese Widrigkeiten den Leser nicht stolpern lassen und den Genuss stören; sie haben vielmehr einen positiven Sinn und sind vom „göttlichen Logos", dem eigentlichen Autor der Schrift, als Hinweise zu verstehen, dass es hier mehr zu entdecken gibt als „das Auf-der-Hand-Liegende". Niemand nämlich käme auf die Idee, in einer „kohärenten, glatten Geschichtserzählung" einen tieferen, „Gottes würdigen" Sinn zu suchen. Deshalb also „webte die Schrift in ihre Geschichtserzählung Ungeschehenes hinein, teils wie es unmöglich geschehen kann, teils wie es zwar geschehen könnte, aber nicht geschehen ist"[24]. Damit sind die fiktionalen Elemente genau definiert und sogar in zwei Sorten unterteilt: schlichtweg Unmögliches und Mögliches, aber nicht wirklich Geschehenes. Diese fiktiven Elemente dienen nach Origenes aber nur als Signale und Aufforderungen, nach einem tieferen Sinn des Ganzen zu suchen. Deshalb bedarf die Bestimmung dieser Elemente einer besonders sorgfältigen Forschung.[25]

Vergleichen wir die Ausführungen des Origenes mit denen bei Hummelauer, fällt die größere Freiheit und Kühnheit des Origenes in der Frage der fiktionalen Elemente ins Auge. Auch erscheint seine Darstellung viel durchdachter und eingebettet in eine große hermeneutische Konzeption. Und genau da, wo Hummelauer hilflos und vage wirkt, wird Origenes ausführlich und konkret. Für den wahren Gehalt, der nicht unbedingt in der Historizität des Erzählten liegt, hat Hummelauer keinen Namen, auch wenn er gelegentlich von „metaphorischer" oder „poetischer Wahrheit" spricht. Origenes dagegen benutzt eine ganze Reihe von Bezeichnungen dafür, so „das Geistige", „das

---

[24] Origenes, princ. IV 2,9. Vgl. IV 3,5.

[25] Origenes, princ. (s. o. Anm. 24) IV 3,5. Zum Ganzen vgl. M. Harl, Introduction, in: Philocalie, 1–20: Sur les Écritures (SC 302), Paris 1983, 19–159, hier 90–100. Immer noch grundlegend ist: H. de Lubac, Geist aus der Geschichte. Das Schriftverständnis des Origenes, übersetzt und eingeleitet von H. U. von Balthasar, Einsiedeln 1968, 123–139. 245–257. Vgl. auch R. Gögler, Zur Theologie des biblischen Wortes bei Origenes, Düsseldorf 1963, 299–365, bes. 343–345.

Pneumatische", „das Mystische", „das Tropische" (d. h. das Übertragene, Metaphorische) oder auch „das Symbolische".[26] Danach zu suchen, es herauszufinden und darzulegen ist in den Augen des Origenes die wichtigste Aufgabe des Exegeten. Diejenigen, die danach gar nicht erst suchen wollen, die sich auf das Historische beschränken, nennt Origenes verächtlich „Sklaven der Wörtlichkeit" oder „des Buchstabens". Und das wäre zweifellos auch sein Urteil über den Großteil der so genannten historisch-kritischen Exegese.

Auch das, was Hummelauer als Erbauung, als religiöse und sittliche Belehrung anspricht, hat Origenes und die sich ihm anschließende Tradition besser gefasst. Der tiefere Sinn nämlich kann nach den Vätern durch unterschiedliche Anwendung und Interpretation eine moralische, geistliche, dogmatische, ekklesiologische oder eschatologische Bewandtnis erhalten. In den mittelalterlichen Handbüchern sprach man von einer „vierfachen Interpretation" oder „Verständnisweise", seltener von einem „vierfachen Sinn". Dabei ist die Vierzahl – ein literaler oder historischer Sinn und drei darüber hinausgehende Verständnisweisen – im Sinn einer groben Klassifizierung zu verstehen, nicht im Sinn einer genauen Anzahl.[27]

In die biblischen Geschichtserzählungen sind also fiktionale Elemente in mehr oder weniger großer Dichte „hineingewoben"[28]. Darin sind sich Origenes und Hummelauer einig. Aber Origenes geht noch einen Schritt weiter: Für ihn gibt es auch unter den scheinbaren Geschichtserzählungen einige wenige, die nicht einmal einen „historischen Kern" haben, sondern als rein fiktionale, metaphorische Texte zu verstehen sind. Dazu gehören seiner Ansicht nach im Alten Testament die ersten drei Kapitel der Genesis, im Neuen die Versuchungsgeschichte in Mt

---

[26] Vgl. H. de Lubac, Geist (s. o. Anm. 25), 136. 152 f. mit Belegen. Zum Begriff des Symbolischen bei Origenes vgl. R. Gögler, Theologie (s. o. Anm. 25), 358 f. 365–380.

[27] Vgl. M. Reiser, Allegorese und Metaphorik. Vorüberlegungen zu einer Erneuerung der Väterhermeneutik, in: F. Sedlmeier (Hg.), Gottes Wege suchend (FS R. Mosis), Würzburg 2003, 433–465, hier 453–459.

[28] Man beachte die Metaphorik, deren Bildspender das Weben ist. Wir haben sie noch in der Exmetapher „Text".

4/Lk 4. Eine stilistische Begründung für diese Auffassung gibt er nicht. Seine Begründungen sind ganz am Inhalt orientiert. Zur Bestimmung des Fiktionalen wird das Erzählte gemessen am allgemein bekannten Wissen über die Welt und am gesunden Menschenverstand. Deswegen kleidet Origenes seine Argumente in dieser Sache in die Form der rhetorischen Frage. Der entsprechende Abschnitt beginnt gleich mit einer ganzen Reihe davon:

„Welcher vernünftige Mensch wird annehmen, ,der erste, zweite und dritte Tag sowie Abend und Morgen' seien ohne Sonne, Mond und Sterne geworden und der gleichsam erste sogar ohne Himmel? (Vgl. Gen 1,1–13.) Wer ist so einfältig zu meinen, Gott habe wie ein Bauer ,gegen Osten zu in Eden einen Garten gepflanzt' und ,das Holz des Lebens' hineingesetzt, sichtbar und sinnlich wahrnehmbar, so dass man, wenn man seine Früchte mit den leiblichen Zähnen zu sich nahm, das Leben erhielt und ebenso Anteil ,am Guten und Bösen', wenn man vom entsprechenden Baum nahm und aß? (Vgl. Gen 2,8–17.) Und wenn es weiter heißt, ,Gott sei gegen Abend im Garten umhergegangen' und ,Adam habe sich unter dem Holz versteckt' (Gen 3,8), so wird doch wohl niemand zweifeln, dass diese Züge in übertragener Weise mit Hilfe einer scheinbaren Geschichte, die leiblich gar nicht geschehen ist, auf gewisse Geheimnisse hinweisen. Aber auch wenn ,Kain weggeht vom Angesicht Gottes' (Gen 4,16), ist es den Wissenden klar, dass der Leser veranlasst werden soll zu untersuchen, was gemeint ist mit ,dem Angesicht Gottes' und dem ,Weggehen' von ihm. [...] Sogar die Evangelien sind voll von solchen Erzählungen, etwa wenn der Teufel Jesus auf ,einen hohen Berg' hinaufzwingt, um ihm von dort aus ,die Reiche der ganzen Welt zu zeigen und ihre Herrlichkeit' (Mt 4,8). Denn wer von denen, die so etwas nicht ganz oberflächlich lesen, wird nicht geringschätzig denken von denen, die meinen, mit dem Auge, das Höhe braucht, um das tiefer Gelegene wahrnehmen zu können, sei das Reich der Perser, Skythen, Inder und Parther zu sehen gewesen und dazu, wie die Könige von den Menschen verherrlicht werden?

Wer sorgfältig beobachtet, kann noch tausend ähnliche Beispiele in den Evangelien finden und wird zugeben, dass in die ganz wie erzählt geschehenen Geschichten manches hineingewoben ist, was nicht stattgefunden hat."[29]

Über die aus Hummelauers Genesiskommentar zitierten Fragen und Probleme hätte Origenes nur den Kopf geschüttelt und sie für ziemlich einfältig erklärt. Aber wie konnte es dazu kommen? Hummelauer war ja nicht der Einzige, der sich mit ihnen abplagte.

4. Augustinus und die Folgen

Zuerst müssen wir uns klar machen, dass sich die Auffassung des Origenes nicht durchgesetzt hat. Im Westen scheint es einzig Cajetan (1469–1534) gewesen zu sein, der die ersten drei Kapitel der Genesis wie Origenes rein metaphorisch deutete. Er wich damit von der Tradition ab, für die Augustinus bestimmend geworden war. Dieser hat sich in seinem Kommentar „De Genesi ad Litteram" darum bemüht, die Urgeschichte historisch zu verstehen und von dem Erzählten möglichst viel als real geschehen glaubhaft zu machen. Durchgehend setzt er sich mit der Sicht des Origenes auseinander, ohne ihn zu nennen. So spricht er etwa von jenen christlichen Auslegern, „die das Paradies nicht im eigentlichen Sinn (proprie) verstehen wollen, sondern im übertragenen Sinn (figurate)". Ihnen hält er Folgendes entgegen:

„Sie wollen, wie gesagt, das Paradies nicht wörtlich verstehen, es nicht als den großen, überaus lieblichen, von Fruchtbäumen beschatteten Ort auffassen, den ein gewaltiger Quell befruchtet, obwohl sie so viele große Wälder vor sich sehen, die, ohne menschliches Wirken entstanden, bloß das Ergebnis des verborgenen Wirkens Gottes sind, und anderseits glauben sie aber an die Erschaffung des

---

[29] Origines, princ. (s. o. Anm. 24) IV 3,1. Es folgen entsprechende Beispiele aus den Gesetzen und Geboten beider Testamente.

Menschen und haben doch niemals gesehen, wie er er-
schaffen wurde. Aber wenn sie auch ihn bildlich auffassen
wollen, wer hat dann Kain und Abel und Seth gezeugt?
Oder sind auch sie nur bildlich zu verstehen und keine
aus Menschen geborene Menschen gewesen? Wer derartige
Vermutungen hegt, soll zuerst einmal sich über deren Aus-
maß klar werden und dann sich mit uns die Mühe geben,
das ganze Urgeschehen, so wie es die Genesis erzählt, in
seiner eigentlichen Bedeutung aufzufassen. Wer wird ihm
hernach nicht weiterhelfen zu verstehen, was der figürliche
Sinn all dieser spirituellen Naturen oder Zustände ist oder
welche Bedeutung für die Zukunft sie haben?"[30]

Augustinus sieht klar die Konsequenzen der Auffassung des Origenes und scheut davor zurück. Seine Lösung heißt: Man muss
diese Erzählungen als historische Berichte verstehen und diesen
dann einen übertragenen Sinn zuweisen, sie also proprie *und* figurate begreifen. Mit dem „proprie" hat er freilich nicht selten
seine liebe Not. So kann er sich den abendlichen Spaziergang
Gottes durch das Paradies nur so erklären, „dass Gott es vorzog,
jenen ersten Menschen mit Hilfe einer hierfür geeigneten Krea-
tur zu erscheinen"[31]. Davon steht freilich nichts im biblischen
Text.

Trotz ihrer Unzulänglichkeiten setzte sich die Lösung des Augustinus durch. Bis weit in das Mittelalter hinein wurden die
historischen Fragen, die der biblische Text aufgab, jedoch als
zweitrangig betrachtet; wichtig war der übertragene Sinn der
Texte, der sie zugleich in die eigene Zeit und Situation übertrug
und auf diese Weise aktuell hielt. Für die übertragene Bedeutung der Texte bzw. ihre Deutung in diesem Sinn bürgerte sich
ein Begriff ein, der bei Origenes nur eine Nebenrolle gespielt
hatte, aber den Vorzug besaß, dass er schon von Paulus gebraucht worden war – „Allegoria". Wir sprechen heute von alle-
gorischer Deutung oder Allegorese.

---

[30] Augustinus, Gen. ad litt. 8,1. Übersetzung: Aurelius Augustinus, Über den
Wortlaut der Genesis, übersetzt von C. J. Perl, Bd. 2, Paderborn 1964, 43 f.
[31] Augustinus, Gen. ad litt. (s. o. Anm. 30) 11,34 (vgl. 11,33), (Perl 2,214).

Im Laufe des Mittelalters kam es dann zu einer Entwicklung, die sich als die eigentlich verhängnisvolle erwies. Man erklärte die Allegorese für unwissenschaftlich und verbannte sie mehr und mehr in die Predigt, wo sie für die Erbauung unentbehrlich war. Nun wäre dies für die Exegese vielleicht noch zu verkraften gewesen, wäre ihr wenigstens die Aufgabe der *theologischen* Auswertung der biblischen Texte geblieben, die traditionell zur Allegorese gezählt wurde. Aber dieser Teil der exegetischen Aufgabe verlor sich im Zuge der Ausdifferenzierung der theologischen Fächer. Bei diesem Prozess übernahm die Gesellschaft Jesu eine Vorreiterrolle. Denn durch ihre „Ratio studiorum" von 1599 etablierte sich erstmals in der Geschichte der Theologie ein selbständiges Fach Exegese.[32] Die *theologische* Deutung der Heiligen Schrift blieb fortan jedoch den Dogmatikern vorbehalten, so dass sich die Exegeten auf den Literalsinn beschränken mussten, das heißt auf die historische und literaturwissenschaftliche Erklärung der Texte. Diese Arbeitsteilung war mitbedingt durch das Aufkommen der humanistischen Methoden der Textherstellung und -erklärung, die sehr aufwändig war und eine eigene Gelehrsamkeit erforderte. Aber bald kam es auch zu Konflikten, da sich die strenge Arbeitsteilung als undurchführbar erwies. Diese Konflikte verschärften sich mit dem Aufkommen der so genannten „Kritik", da sie die augustinische Auffassung von der historischen Zuverlässigkeit der Urgeschichte im Buch Genesis als unhaltbar auswies. So weit war die Wissenschaft mit Richard Simon im 17. Jahrhundert.

Simon kommt auf die uns interessierende Problematik nur kurz zu sprechen; sie konnte inzwischen nicht mehr so offen diskutiert werden wie noch zu Väterzeiten. In seiner „Histoire critique du Vieux Testament" von 1685 spricht Simon vom „stile parabolique", dem Gleichnisstil, den die orientalischen Völker so liebten. Manche Gelehrte hätten nun geglaubt, „die Bücher Ijob, Tobit und Judit seien nicht so sehr Geschichtsbücher als Werke, die in diesem Gleichnisstil geschrieben sind, und heilige Fiktionen (saintes fictions), die ihren Nutzen hat-

---

[32] Vgl. L. Hell, Entstehung und Entfaltung der Theologischen Enzyklopädie, Mainz 1999, 55–79. 206 f.

ten"[33]. Simon vermerkt ausdrücklich, dass dies nicht die übliche und approbierte Auffassung ist, und fasst seine eigene Meinung in den Satz: „Im Übrigen, ob ein Buch nun ein Geschichtswerk ist oder ein einfaches Gleichnis oder ein Geschichtswerk durchsetzt von Gleichnissen, es ist deswegen nicht weniger wahr noch weniger göttlich."[34]

Simon erläutert diese Behauptung nicht näher. Meines Erachtens hätte er es durchaus gekonnt, da er die Exegese der Kirchenväter (und Cajetans!) kannte und schätzte. Über zweihundert Jahre später jedenfalls tut sich ein Exeget wie Hummelauer schwer mit der Erklärung, wie ein „von Gleichnissen durchsetztes Geschichtswerk" noch als wahr und göttlich gelten kann. Und der Grund dafür ist jetzt überdeutlich: Die Wahrheit der biblischen Erzählungen war längst eingeschränkt auf ihre Faktentreue. Mit der Verbannung der Allegorese aus der Wissenschaft wusste man von keiner anderen mehr. Man las alle biblischen Erzählungen, soweit sie nicht im Text selbst als Gleichnisse gekennzeichnet waren, als historische Berichte. Und es ist erstaunlich, wie hartnäckig sich die pauschale Rede von den „biblischen Berichten" selbst unter Exegeten immer noch hält. Wir sollten uns endlich daran gewöhnen, grundsätzlich von biblischen *Erzählungen* oder *Geschichten* zu sprechen und nur dort, wo es in erster Linie um Fakten geht, von *Berichten*.

Heute, nach der Überwindung der Modernismuskrise, haben wir zwar die Freiheit, fast alles in der Bibel für Fiktion zu erklären, ohne dass wir dafür unseren Lehrstuhl verlieren; aber die Aufgabe, die Hummelauer sah, haben wir noch nicht gelöst, ja es scheint fast so, als ob sie kaum jemanden interessierte: Welche Art von Wahrheit können wir einer Geschichtserzählung zuschreiben, die sich ganz oder teilweise als fiktionaler Text erweist? Oder haben solche Geschichten nur Unterhaltungswert? Dann dürften sie eigentlich nicht in der Heiligen Schrift stehen.

Mit dem Hinweis auf Origenes und die Väter habe ich versucht, einen Lösungsweg für dieses Problem anzudeuten. Ich

---

[33] R. Simon, Histoire critique du Vieux Testament, Rotterdam 1685 (ND Frankfurt 1967), 58.

[34] Ebd.

schlage vor, einen der Begriffe aufzugreifen, mit denen Origenes den über das Faktische hinausgehenden Wahrheitsgehalt einer biblischen Erzählung bezeichnete: den Begriff des Symbolischen.[35] Wir müssen es wieder neu lernen, die biblischen Erzählungen, ob sie nun tatsächlich Geschehenes wiedergeben oder nicht, als *symbolische Erzählungen* zu begreifen, die auf eine Wahrheit hinweisen, die niemals obsolet werden darf.[36] Diesen symbolischen Sinn und damit die von den Texten symbolisierte Wahrheit genauer herauszuarbeiten müsste wieder zu unserer vornehmsten Aufgabe werden. Und vielleicht erreichen wir es dann sogar, dass auch der Exeget bei seinem Gang durchs Paradies nicht mehr bei jedem Schritt stolpert.

---

[35] Eine Ahnung von den Möglichkeiten, die dieser Begriff gerade für die biblische Exegese bieten kann, gibt J. Drury, Art. ‚Symbol', in: A Dictionary of Biblical Interpretation, hg. v. R. J. Coggins und J. L. Houlden, London 1990, 655–657. Näheres bei M. Reiser, Biblische Metaphorik und Symbolik, in: TThZ 112 (2003), 58–73, hier 65–73.

[36] Ein Beispiel für eine solche Exegese habe ich zu geben versucht: M. Reiser, Wie wahr ist die Weihnachtsgeschichte?, in: EuA 79 (2003), 451–463.

Thomas Rentsch

Die Entdeckung der Unverfügbarkeit

Zum Zusammenhang von Negativität und Sinnkonstitution im Horizont der biblischen Überlieferung

1. Oberflächliche und tiefe Aufklärung

Meine These ist: Aufklärung und absolute Transzendenz (Gottes) sind unlöslich verklammert; wird diese Verklammerung einseitig aufgelöst und getilgt, dann ergibt sich eine negative Dialektik von Nihilismus und Fundamentalismus. Aufklärung muss mithin die negative Theologie des Absoluten sinnkriterial festhalten und praktisch transformieren, und dies hat sie in ihren besten Kernbestrebungen auch getan. Religion muss diese negative Theologie des Absoluten bildlich indirekt vergegenwärtigen und dadurch meditativ und kongregativ konkret zugänglich und bewusst machen und zugänglich halten und sie ebenfalls praktisch transformieren. Aufklärung und Religion, Philosophie und Christentum machen und halten so – je auf ihre Weise – ein Wissen vom konstitutiven Konnex von Negativität und Sinn bewusst. Das macht ihre tiefe Entsprechung ebenso aus wie ihre topische Differenz, die es wiederzuentdecken und neu zu beleben gilt. Weder bedeutet dies eine rationalistische Einholung und Verkürzung christlicher Verkündigung und Praxis, die einen autonomen Bereich von Sprache und Leben bildete und bildet, eine Lebensform sui generis, noch bedeutet es ein Christlichwerden philosophisch-kritischer Reflexion, denn das wäre eine verhängnisvolle kategoriale Vermengung ganz verschiedener Ebenen. Wohl jedoch lassen sich die zentralen Rationalitätspotentiale in der philosophischen Reflexion herausstellen, die in der biblischen und christlichen Tradition – ganz unabhängig von Philosophie – angelegt waren und sind. Philosophie vermag durchaus in anderen religiösen Traditionen – ich denke zum

Beispiel an Elemente des Sufismus im Islam oder an Traditionen wie den Zen-Buddhismus – entsprechende Einsichten zum Konnex von Negativität und Sinn angelegt finden. Das gilt m. E. ebenfalls von der genuin philosophischen Tradition des Neuplatonismus, der negativen Theologie bei Proklos und Plotin.

Worin bestehen die Rationalitätspotentiale der biblisch-christlichen Tradition? Ich will behelfsmäßig und modellhaft eine *oberflächliche Aufklärung* von einer *Tiefenaufklärung* unterscheiden.

Eine oberflächliche Aufklärung orientiert sich an Vernunft, vor allem an praktischer Vernunft, als sei sie schlicht machbar, realisierbar, wenn man nur wolle. Die Zugänglichkeit des Guten, seine Erkennbarkeit und Machbarkeit, seine Kommensurabilität, kurz seine Verfügbarkeit scheinen klar zu sein und festzustehen. Ineins damit wird die Selbsttransparenz der Subjekte vorausgesetzt: Prinzipiell können wir uns selbst klar erkennen und vernünftig beurteilen; ebenso besteht wechselseitig eine Transparenz der Subjekte, ihrer Motive und Handlungsgründe. Auch die geschichtliche Entwicklung ist prinzipiell pragmatisch zugänglich und erkennbar. Wissenschaftlicher, politischer und existentiell-ethischer Fortschritt sind prinzipiell sicher erkennbar, sie sind letztlich evident und daher mit sicherem Zugriff zu fördern.

Die skizzierte naive, oberflächliche Form von Aufklärung gehört sicher zu jeder vernünftigen menschlichen Lebenspraxis. Sie liegt uns nahe. Ohne sie könnten wir unseren Alltag überhaupt nicht bewältigen, und doch steckt in ihr auf ganz verdeckte, in ihrer Harmlosigkeit verborgene Weise eine mehrfache Gefahr. In ihr angelegt sind nämlich Illusionen der Machbarkeit, Illusionen der Verfügbarkeit, der Selbsttransparenz und Selbsterkenntnis, die in aller scheinbaren Harmlosigkeit den Keim von Usurpation und Entfremdung, von Totalitarismus und Irrationalismus in sich tragen, sowohl individuell wie sozial. Inwiefern ist das der Fall? Die modellhaft skizzierte oberflächliche Variante von Aufklärung verkennt die vielfältige Begrenztheit und Bedingtheit menschlicher Praxis und Selbsterkenntnis. Eine über sich selbst aufgeklärte Aufklärung muss zunächst dieser vielfältigen Begrenztheit und Bedingtheit innewerden, aber sie muss aus dieser reflexiven Bewusstwerdung auch die richtigen Schlüsse ziehen.

Aus der Enttäuschung der oberflächlichen Aufklärung, aus dem Bruch mit der sie ermöglichenden Naivität entspringt oft ein Skeptizismus, ein Relativismus, schließlich ein Nihilismus. Diese Resultate der Enttäuschung können wiederum eine ganz alltägliche Form haben: alltägliche Resignation, alltäglicher Zynismus, stoisches Weitermachen. Sie können aber auch zu subtilen und anspruchsvollen Formen der Ratlosigkeit auf hohem Niveau werden; so bei Nietzsche, bei Freud oder auch in der „Dialektik der Aufklärung" von Horkheimer und Adorno. In diesen Reflexionsbewegungen wird der Befund der durchgängigen Begrenztheit und Bedingtheit unserer Selbsterkenntnis und Praxis zum Ausgangspunkt nihilistischer, pessimistischer, negativistischer Gesamtdeutungen der Menschheit und ihrer Geschichte.

In der säkularisierten Gegenwart der westlichen Demokratien nimmt die oberflächliche Aufklärung unter Einschluss der in ihr angelegten Enttäuschungspotentiale sehr häufig die Gestalt vermeintlich souveräner Selbstverwirklichung an. Der sich selbst sichernde Individualismus geht mit einem wiederum oberflächlichen, nur allzu gut verstehbaren Freiheitsverständnis einher. Auch diese Resultante von Oberflächlichkeit und Enttäuschung nimmt massenhafte Form an – Fitness, Lifestyle, Hedonismus, Konsumismus, den Eventcharakter medial vermittelter Welt- und Selbstverhältnisse; ebenso kann sie auch in anspruchsvolle, reflexive Formen überführt werden. Der erfolgreiche Ansatz einer Neubelebung des Konzepts der Lebenskunst und einer *Philosophie der Lebenskunst* ist ein Beispiel dafür; die Flut trivialpsychologischer Ratgeber- und Handbücher zum glücklichen, sorgenfreien Leben und zur Selbstverwirklichung bildet den Mainstream dieser Entwicklung.

In den grotesken bis abstrusen Erscheinungsweisen der Esoterik, der Magie, zum Beispiel in pathologischen bis kriminellen Formen des Satanismus, erreicht die oberflächliche Aufklärung, gepaart mit der in ihr angelegten Enttäuschung und mit dem doch nicht preisgegebenen Selbstverwirklichungsindividualismus, prekäre, aufschlussreiche Formen ihres Umschlagens in offenen Irrationalismus.

Aber auch die mannigfachen Formen des Szientismus und des Technizismus, die unser Alltagsleben bis tief in die Selbstverständnisse hinein prägen, unsere medizinische Praxis dominieren und die Prozesse der Globalisierung mit ermöglichen und beschleunigen, lassen sich als reale, konkrete Konsequenzen des Standardmodells der oberflächlichen Aufklärung verstehen.

Die oberflächliche Aufklärung verfehlt auf grundsätzliche Weise die Begrenztheit und Bedingtheit des Menschen und seiner Praxis; sie überschätzt die Möglichkeiten der Vernunft und Selbsterkenntnis.

Die *Aufklärung der Aufklärung,* die eigentlich nötig ist, wurde in kritischer Reflexion auf die Grenzen der Vernunft von Kant epochal entwickelt. Auch Marx, Nietzsche und Freud gehören auf ihre Weise zu den Vertretern dieser Vernunftkritik. Im 20. Jahrhundert hat Wittgenstein diese Reflexion durch die Analyse der Grenzen der Sprache radikalisiert und präzisiert. Heidegger hat – unter anderem im Anschluss an Kierkegaard – die kritische Grenzreflexion im Blick auf die Grenzen der menschlichen Existenz und ihre Zeitlichkeit und Endlichkeit ebenfalls radikalisiert. Adorno hat die Grenzen des verfügenden, pragmatischen, prädikativen Erkennens und Unterscheidens im Verfehlen und Ausgrenzen des Nichtidentischen in seiner „Negativen Dialektik" herausgearbeitet. Ich habe mir diese philosophische, vernunftkritische Vertiefung der Aufklärung systematisch angeeignet und halte sie für unverzichtbar. Die Tragweite dieser Vernunftkritik halte ich für noch längst nicht hinreichend ermessen.

2. Aspekte biblischer Aufklärung

Im Folgenden will ich vor diesem Hintergrund aus meiner systematischen Sicht Aspekte der biblischen Aufklärung in ihrer Eigenart rekonstruieren. Enthält die biblische Überlieferung Elemente dessen, was ich als tiefe Aufklärung der oberflächlichen Vernunft und Aufklärung entgegensetze? Ich meine, ja. Im Zentrum dessen, was ich als tiefe Aufklärung bezeichne, steht die Reflexion bzw. das Bewusstsein und die Einsicht in die *transpragmatischen Sinnbedingungen von Vernunft und aller unserer*

Praxis. Vernunftkritik und eine Praxisreflexion, die bei der externen Bedingtheit und Begrenztheit von Vernunft, Sprache und Praxis durch Materialität und Endlichkeit stehen bleiben, führen alsbald zur *Depotenzierung* von Vernunft und Praxis. Sie können auch zu einer *formalistisch-prozeduralen* oder fiktionalen Abdrängung und Verkürzung der tatsächlich nur qualitativ, inhaltlich und ganzheitlich verstehbaren Dimension vernünftiger Praxis und damit der Basis von Aufklärung führen.

Der Gesichtspunkt der transpragmatischen Sinnbedingungen hingegen nimmt die Dimension der Negativität, der pragmatischen Unverfügbarkeit und Entzogenheit, ganz in die Perspektive der humanen Sinnkonstitution mit hinein – und dies scheint mir das Proprium dessen zu sein, was wir zu Recht biblische Aufklärung nennen können.

An einigen zentralen Beispielen will ich dies verdeutlichen. Ich verzichte dabei aus Zeitgründen auf genauere Exegesen und versuche die entscheidenden Einsichten möglichst direkt zu reformulieren.

Entscheidend scheint mir zu sein, dass die biblische Tradition ihre praktisch-rationalen Elemente – die Ethik der zehn Gebote schon im Alten Testament, die Ethik der Bergpredigt im Neuen Testament, aber auch bei Paulus – durchweg in dauerndem Rückbezug auf *unverfügbare Sinnbedingungen dieser praktischen Rationalität* durchdenkt und verkündet, religiös gesprochen mit Bezug auf Gott. Ich will diesen expliziten Gottesbezug zunächst methodisch bewusst ausblenden, um die negativ-kritischen Rationalitätspotentiale der biblischen Botschaft gleichsam etwas neutraler reformulieren zu können.

Zu den unverfügbaren, transpragmatischen Sinnbedingungen all unserer Vernunft und Praxis gehört zunächst fundamental das, was die Bibel Geschöpflichkeit, Kreatürlichkeit nennt. Die grundlegende praktische Einsicht, die sich hier philosophisch reformulieren lässt, ist die Einsicht, *dass wir uns nicht selbst geschaffen, gemacht, hergestellt haben,* sondern dass wir – bei allen wissenschaftlichen Erklärungsmöglichkeiten – auf letztlich unerklärliche Weise da sind. Und dies ist eine untilgbare Differenz.

Aber diese Negativität reicht viel weiter. Die Unerklärlichkeit der Sinnbedingungen unserer humanen Existenz, die im Zentrum biblischer Aufklärung steht, erstreckt sich auf alle Menschen aller Zeiten, die in ihrer Kreatürlichkeit verbunden sind. Sie erstreckt sich auf die Existenz des Lebens auf der Erde und das Phänomen der Evolution. In unserer Kreatürlichkeit sind wir mit den Tieren und allen Lebewesen tief verbunden, und zwar materiell, real, leiblich.

Und diese kreatürliche Verbundenheit ist selbst etwas uns Vorgegebenes, sie gehört zu den unvordenklichen Sinnbedingungen unserer Existenz. Ich weise nur darauf hin, dass diese holistische und materialistische Sicht der menschlichen Situation über sich selbst aufgeklärter ist als zum Beispiel die neuzeitliche, cartesische Konstruktion eines atomistisch verengten, zu einem denkenden Punkt reduzierten „ego cogito", welches die ganze Welt, die „Außenwelt", zu einer ausgedehnten Sache, „Res extensa", verdinglicht, wobei menschliche Mitgeschöpfe mitsamt ihren Leibern zunächst nicht in Sicht sind und die Tiere als aufgezogene Maschinen, als Automaten konzipiert werden. Welche Konzeption ist wohl rationaler – die der Bibel oder die des Descartes? Dreihundert Jahre lang feierte man Descartes und mythisierte ihn zum Gründungsvater von Neuzeit und Aufklärung. Dreihundert Jahre brauchte die Philosophie, um mit Heidegger, Wittgenstein und der Phänomenologie – ich denke an Merleau-Ponty und Hermann Schmitz – aus der epistemologischen Sackgasse der atomistischen Subjekttheorie wieder herauszukommen. Unterdessen sah sich der epistemologische Solipsismus zeitweilig genötigt, einen „Beweis für die Existenz der Außenwelt" zu leisten und ebenso die Existenz anderer Subjekte allererst zu deduzieren – in der Tat ein schwieriges Unterfangen.

Die gemeinsame Kreatürlichkeit und die mit ihr verbundene negativ-praktische Einsicht in die unverfügbaren Sinnbedingungen unserer Existenz erstrecken sich weiter: auf unsere Erde als materielle Lebensbasis für alle Geschöpfe. Wir haben die Erde nicht technisch hergestellt, sondern fanden sie mitsamt den materiellen, realen Bedingungen von Wasser, Luft und allen Lebensvoraussetzungen vor.

Das Schöpfungsparadigma der Kreatürlichkeit erstreckt sich schließlich universal und unbedingt auf das gesamte Universum. Auch hier gilt: Welche empirischen, wissenschaftlichen, kosmologischen Erkenntnisse auch immer wir noch gewinnen werden, die Existenz des Universums mit seinen Milliarden Galaxien bleibt unerklärliche, unableitbare Sinnbedingung auch unserer Existenz und allen Lebens.

Es gibt derzeit wieder viele pseudowissenschaftliche und gleichermaßen pseudoreligiöse Deutungen naturwissenschaftlicher Forschungsergebnisse, das heißt letztlich empirisch gestützter, falsifizierbarer Hypothesen. Urknall und Hubble-Konstante, Rotverschiebung und Hintergrundstrahlung werden mit theologischen oder metaphysischen Begriffen interpretiert. Diese Zugriffe stellen exemplarisch fundamentale Kategorienverwechslungen dar. Denn die unerklärliche Existenz des Universums als unverfügbare Sinnbedingung allen Lebens und Erkennens steht auf einer ganz anderen kategorialen Ebene als empirische Forschungsergebnisse der physikalischen Kosmologie. *Dass* das Universum mitsamt seiner Entstehungsgeschichte und mitsamt unserer, der Menschheit, Entstehung und Existenz *ist,* lässt sich philosophisch negativ in seiner Unableitbarkeit und Unerklärlichkeit explizieren, wie es schon Kant in seiner Rekonstruktion der „Metaphysica specialis" in der transzendentalen Dialektik unternahm.

Die biblische Kreatürlichkeitsperspektive einer göttlichen Schöpfung enthält die tiefe Perspektive einer Aufklärung über die letztlich *absolute Unverfügbarkeit und Unerklärlichkeit* aller natürlichen Sinnbedingungen unserer Existenz und des Universums selbst als Ganzem. Augustinus wie auch Luther haben dies – insbesondere erkenntniskritisch – klar gesehen. Das wird noch in Luthers Antwort auf die Frage deutlich, was denn Gott vor der Schöpfung getan habe – er sei an die Elbe gegangen, Ruten zu pflücken, um diejenigen damit zu prügeln, die solche dummen Fragen stellen.

Indem die biblische Aufklärung auf praktische Einsichten in die unverfügbaren, transpragmatischen Sinnbedingungen humaner Existenz hinweist und insistiert, trägt sie zur tiefen Aufklärung und damit indirekt zur Kritik oberflächlicher Vernunft- und Aufklärungskonzeptionen bei. Das gilt für die gesamte menschliche Handlungssituation und ihr Verständnis. Während die oberflächliche Aufklärung durchsichtig über sich selbst verfügende, *autonome* Einzelsubjekte in diesen Subjekten *transparenten* Handlungssituationen mit dem *Überblick* über die Folgen voraussetzt, Subjekte, deren wissenschaftliche und technische Erkenntnisfähigkeiten und Handlungsmöglichkeiten zur pragmatischen Weltbewältigung in der Lage sind, geht die Vernunftkritik biblischer Aufklärung weiter; sie antizipiert schon die mit der naiven Vernunftkonzeption implizierten Enttäuschungen und Desillusionierungen. Welche Züge dieser vertieften Vernunftkritik lassen sich in der biblischen Tradition aus philosophischer Sicht weiter freilegen?

Neben der Schöpfungsperspektive ist hier die Sündendimension zu nennen. Ich gebe Habermas Recht, wenn er feststellt, dass etwas sehr Wesentliches verloren geht, wenn die hamartiologische Dimension in die bloße Schuldkategorie transformiert wird.[1] Tiefer ist auch hier wieder die praktische Einsicht in die strukturelle Fehlbarkeit der Menschen und ihr katastrophisches Gewaltpotential. Es ließe sich meines Erachtens unter Rekurs auf Kants Analysen zum radikalen Bösen in der menschlichen Natur zeigen, dass die fundamentale Fehlbarkeit, traditionell die Sündhaftigkeit, strukturell und konstitutiv zur menschlichen Freiheit und Moralität gehört. Anders gesagt, die Fehlbarkeit zählt ebenfalls zu den negativen, unverfügbaren Sinnbedingungen, denen wir unterliegen, wenn wir überhaupt wollen und handeln. So hat zum Beispiel Hermann Cohen in seiner Religionsphilosophie die Erfahrung der Sündhaftigkeit als Konstituens personaler moralischer Identität analysiert. Die Realität des Bösen tritt der Bibel zufolge bereits mit der ursprünglichen Selbstbewusstwerdung des Menschen auf; dieser reflexive Status des radikalen Bösen wird auch in der Botschaft Jesu und in der Theologie des Paulus deutlich und bei Kant als Affektion der obersten Maxime rekonstruiert. So viel scheint mir klar und unverzichtbar zu sein: Ohne die *reale Dimension fundamentaler Fehlbarkeit* lässt sich die Perspektive der Moralität nicht wirklich angemessen begreifen. Die Verdrängung und Tabuisierung des Bösen und der Sünde sind typisch und bezeichnend für die

---

[1] Vgl. Jürgen Habermas, Ansprachen aus Anlass der Verleihung des Friedenspreises des Deutschen Buchhandels, Frankfurt a. M. 2001, 48.

oberflächliche Aufklärung. Die vernunftkritische Tiefendimension wird erst erreicht, wenn moralisches Scheitern und mit der Freiheit und Selbstreflexivität konstitutiv mitgegebene Fehlbarkeit als irreduzible Sinnbedingung von Moralität mitgedacht werden.

Der Realismus biblischer Aufklärung, der die Illusionen oberflächlicher Rationalität hinter sich lässt, liegt auch darin begründet, dass die Bibel weder im Alten noch im Neuen Testament zentrale theoretische Konstruktionen, metaphysische Abhandlungen oder dogmatische Traktate enthält, sondern im Wesentlichen *die narrative Vergegenwärtigung von konkreten Lebenssituationen.* Diese konkreten Lebenssituationen bilden die Beglaubigungsbasis der Bibel im Alten Testament; sie bilden selbst noch die Basis für die theologischen Entwürfe des Paulus und des Johannes im Neuen Testament. Durch diese narrative Vergegenwärtigung praktischer Einsichten wird auf vielfache Weise der unbedingte Ernst der Perspektive religiöser Vernunft hervorgekehrt, ohne theoretisch demonstriert werden zu müssen. Denn dies führt bekanntermaßen nicht sehr weit. Der ethische Monotheismus entfaltet so eine *Unbedingtheitsperspektive,* die meines Erachtens sinnkonstitutiv zur Ethik gehört und die zum Beispiel von Kant, Kierkegaard und Wittgenstein zu rekonstruieren versucht wurde.

Welche Geschichte des Alten Testaments wir auch nehmen, ob wir uns auf Moses oder Hiob, auf Ruth oder Rebekka beziehen – fehlbares menschliches Handeln vor dem Horizont unbedingter, von Gott ausgehender Geltungsansprüche wird uns gezeigt. Mit dieser Unbedingtheitsperspektive ist in der konkreten geschichtlichen Wirklichkeit der existentiale Sinn der Eschatologie verbunden. Mit dem Bezug auf Gott, auf absolute Transzendenz, ist eine Perspektive der *Endgültigkeit* und *Irreversibilität* präsent, die wiederum zu den unvordenklichen Sinnbedingungen verantwortlichen Handelns und menschlichen Selbstverständnisses überhaupt gehört. In der einzigartigen Geschichte Jesu wird dies nochmals auf unüberbietbar radikalisierte Weise bewusst.

Zu der erwähnten Dimension tiefer Aufklärung gehört neben der sinnkonstitutiven Fehlbarkeit, der Unbedingtheit und Endgültigkeit auch die Perspektive fundamentaler menschlicher Bedürftigkeit, der Angewiesenheit auf die Mitmenschen, der Abhängigkeit von den anderen und ihrer Mithilfe, ihrem Wohlwollen. Diese Dimension wird in der Bibel vortheoretisch, lebensweltlich-praktisch in ihrer ganzen Komplexität narrativ vergegenwärtigt. Vergegenwärtigt wird die zeitlich-endliche Augenblicklichkeit des Handelns, vergegenwärtigt wird die unauslotbare Entzogenheit des eigenen Inneren bei aller Selbstmächtigkeit, vergegenwärtigt wird die leibliche Fragilität und Verletzlichkeit des Menschen – vergegenwärtigt wird die alle Menschen einende Kreatürlichkeit. Die lebendige Persönlichkeit eines Menschen konstituiert sich im Medium der Irreversibilität und Unabsehbarkeit seines Handelns. Sinnkonstitutiv für personales Handeln ist gerade, dass es in seinem potentiellen Charakter *keine Sicherheit und Konstanz* bietet. Es ist *theoretisch unmöglich,* sich handelnd auf die Handlungen anderer zu verlassen; ohne *Vertrauen* aber gibt es schlechterdings keine humane Welt. Ein jeder, der handelt, läuft Gefahr, zu scheitern oder Unrecht zu begehen – das alles können wir erst im Nachhinein wissen. Hannah Arendt hat in „Vita activa" besonders herausgearbeitet, dass deshalb unsere ganze humane Handlungswelt auf *Versprechen* und *Vergeben* beruht. Man könnte pointiert formulieren: Unsere Fähigkeit, wechselseitig zu vergeben, konstituiert und eröffnet allererst unsere praktische Freiheit. Hannah Arendt weist darauf hin, dass das Vergeben kaum je theoretisch untersucht wurde und nur in den Lehren Jesu eine zentrale Rolle einnimmt.[2]

Die Vergegenwärtigung der unverfügbaren Sinnbedingungen humanen Lebens geschieht in der Bibel narrativ, literarisch, geschichtlich und auf diese Weise auch hermeneutisch mehrdimensional, tief und komplex. Diese Vergegenwärtigungsweise – unter Einschluss von Widersprüchlichkeit – entspricht

---

[2] Vgl. Hannah Arendt, Die Unwiderruflichkeit des Getanen und die Macht zu verzeihen, in: dies., Vita activa oder Vom tätigen Leben, München 1981, § 33, 231–238. Ich habe in meiner Untersuchung „Die Konstitution der Moralität. Transzendentale Anthropologie und praktische Philosophie", Frankfurt a. M. [2]1999, eine negative Interexistentialpragmatik entwickelt, die diese Dimension ins Zentrum rückt. Vgl. auch Th. Rentsch, Negativität und praktische Vernunft, Frankfurt a. M. 2000.

dem qualitativen Ganzen, der *qualitativen interexistentiellen Totalität* des Menschseins in Geschichte und Augenblick. Hier scheint mir der Ursprung eines grundsätzlichen Verständnisses von personaler Menschenwürde zu liegen. Aber die biblische Aufklärung, deren Grundzüge ich hier nur in aller Kürze zu skizzieren versuche, geht noch weiter und sprengt den Rahmen oberflächlicher Rationalitätsvorstellungen, wie sie zum Beispiel szientifischen, formalistischen, funktionalistischen oder utilitaristischen Ansätzen der Gegenwart zugrunde liegen. Die biblische Aufklärung geht in ihren Kernaussagen insofern noch weiter, als durch die Dimension der Kreatürlichkeit als Rationalitätsbedingung die Einsicht vermittelt wird, dass *nur so*, in dieser Kreatürlichkeit, die Sinnbedingungen von Leben und Freiheit, von Gutem und Liebe überhaupt wirklich sind und wirklich sein können. Das bedeutet praktische Anerkennung der unverfügbaren Sinnbedingungen als von uns nicht selbst gemacht – der Existenz des Universums, der Welt, meiner selbst und der Mitmenschen, der unvordenklichen Vorgegebenheit der Dimensionen der Freiheit, des Guten und der grundsätzlichen Fehlbarkeit, der konstitutiven Endlichkeit und Unbedingtheit der konkreten menschlichen Handlungssituation, der Begrenztheit unserer Selbsterkenntnis, der Verletzlichkeit und Sterblichkeit, der Angewiesenheit auf die anderen. Ohne Erkenntnis dieser unvordenklichen Sinnbedingungen, die mich und jeden Menschen doch ausmachen, und vor allem ohne deren vorgängige Anerkennung gibt es keine tiefer gehende Aufklärung unserer Vernunft und Praxis. Kritische Philosophie kann insbesondere die zentralen Aspekte der konstitutiven Verbindung von Negativität und Sinnkonstitution aufnehmen, wie sie in der biblischen Tradition präsent sind. Ich habe dabei das Zentrum der christlichen Botschaft, den Kreuzestod und die Auferstehung Jesu – Menschwerdung und Tod Gottes –, bewusst ausgespart. Aber in der Linie meiner Interpretation wurde sicher deutlich, dass hier der Konstitutionszusammenhang von Unverfügbarkeit und Sinn auf unüberbietbar extreme, paradoxe Weise verdeutlicht wird.

Eine Bemerkung noch zum Verhältnis von Philosophie und Religion. Die philosophische Reflexion bezieht sich auf die

Struktur und Geltung von Einsichten, die sich in der biblischen Tradition finden. Religion ist eine konkrete Lebensform und Lebenspraxis. Während Philosophie die Unverfügbarkeit, die Entzogenheit der Sinnbedingungen als deren allerdings für sie konstitutive, nicht wegzudenkende Negativität rekonstruiert, spricht die christliche Religion in diesem Zusammenhang von Geheimnis, Wunder und Gnade. Die philosophische Reflexion kann den *Ort* dieser Rede klären; sie kann auch die Grammatik dieser Rede zu klären versuchen. Aber sie kann auf die lebenspraktische Konkretion dieser Rede in Verkündigung und Existenz, in den meditativen und gemeinschaftlichen Lebensformen nur hinweisen als auf eine Realität sui generis, die für sich selbst sorgen muss. Die durch die Dimensionen der Kreatürlichkeit, der Unverfügbarkeit und der konstitutiven Nichtobjektivierbarkeit eröffneten Perspektiven der transpragmatischen Sinnbedingungen des humanen Lebens, der irreduziblen Personalität und Würde, der Freiheit und Fehlbarkeit gehören zur tiefen Aufklärung. Sie berühren sich mit dem sokratischen, ebenso sinnkonstitutiven Nichtwissen und mit der Aufklärung der Grenzen der Vernunft bei Kant.

Leben in praktischer Anerkennung der Transzendenz der Welt, der anderen und meiner selbst ist Voraussetzung aller vernünftigen gemeinsamen Praxis. Die biblischen Aufklärungspotentiale erweisen sich auch darin als stark, dass sie die *Sprachlichkeit* der Eröffnung negativ-praktischer Einsichten akzentuieren: in der Rede Gottes im Alten Testament, in der Rede der Propheten, in der kerygmatischen, absoluten Rede Jesu und der Apostel und Evangelisten im Neuen Testament. Aufklärung als in diesem Sinne vermittelte Einsicht in die unverfügbaren Sinnbedingungen unserer Existenz ist weder ein Epochentitel noch irgendwo „vorhanden". Sie muss in lebendigen Kommunikationsprozessen immer neu und authentisch angeeignet werden. Wo dies vergessen wird, da werden die negativ-praktischen Einsichten biblischer Aufklärung pervertiert, dogmatisiert, funktionalisiert und zu Herrschaft und Unterdrückung missbraucht. Dann müssen Kirche und Religion erneut an der biblischen Aufklärung gemessen und daran erinnert werden, dass auch ihnen die unverfügbaren Sinnbedingungen nicht gehören.

Hans Joas

Max Weber und die Entstehung der Menschenrechte

Eine Studie über kulturelle Innovation[1]

Es steht wohl außer Zweifel, dass der Glaube an die Menschenrechte und die universale Menschenwürde spätestens seit dem
Ende des Zweiten Weltkrieges und verstärkt seit dem Zusammenbruch des Kommunismus in Europa zu den wichtigsten Kennzeichen unserer Zeit gehört. Während einzelne soziologische Theo-
retiker wie etwa Émile Durkheim diese Entwicklung theoretisch
antizipierten, steht sie in einem unverkennbaren Spannungsverhältnis zu den düsteren Zukunftserwartungen, die Max Weber bei
verschiedenen Gelegenheiten formuliert hat. Da zudem die Menschenrechte in Webers gigantischem Œuvre nicht sehr häufig
zum Thema wurden, mag es zunächst so scheinen, als sei die
Frage nach der Entstehung der Menschenrechte für die Beschäf-
tigung mit Max Weber eher marginal. Es lässt sich aber zeigen,
dass sich aus der Frage nach der Entstehung dieses zentralen
Wertkomplexes der Moderne durchaus eine interessante Sicht
auf einige Teile von Webers Soziologie ergibt.

In seinen empirischen Ansichten über die Entstehung der
Menschenrechte war Max Weber völlig von den Forschungen

[1] Dieser Text wurde ursprünglich im Herbst 2000 für die Max-Weber-Kon-
ferenz in Madison/Wisconsin verfasst. Das vorliegende Manuskript wurde
danach als erste von vier Guardini-Vorlesungen im Jahr 2002 an der Berliner Humboldt-Universität vorgetragen und stellt den Beginn eines entsprechenden Buches „Die Sakralität der Person" dar. Der vorliegende Text ist ein
überarbeiteter Wiederabdruck aus: G. Albert/A. Bienfait/S. Sigmund/
C. Wendt (Hgg.), Das Weber-Paradigma. Studien zur Weiterentwicklung
von Max Webers Forschungsprogramm, Tübingen: Mohr Siebeck, 252–270.
Eine englischsprachige Fassung erscheint in dem von Ch. Camic, P. Gorski
und D. Trubek herausgegebenen Band: Max Weber at the Millennium, Stan-
ford/Cal. 2004.

seiner Freunde und Kollegen Georg Jellinek und Ernst Troeltsch abhängig. Das macht es sinnvoll, mit diesen zu beginnen. Mit diesem Umweg lassen sich drei Ziele zugleich verfolgen. Zum einen erhält damit die Fragestellung klarere Konturen. Zum anderen lässt sich Webers Sicht durch die Kontrastierung mit der Gedankenführung dieser seiner Zeitgenossen genauer bestimmen. Und zum dritten schließlich ergibt sich daraus eine Schlussfolgerung hinsichtlich der Fassungskraft des so genannten Weber-Paradigmas.

Am Beginn der Überlegungen steht eine Szene. Sie spielt an einem Oktoberabend des Jahres 1922 im Zentrum Berlins. In Schinkels Bauakademie hielt an diesem Abend die Deutsche Hochschule für Politik ihre zweite Jahresfeier ab. Der Einladung dieser noch jungen Einrichtung, die sich die Förderung der Erwachsenenbildung im Geiste der Demokratie zum Ziel gesetzt und es damit unter den Bedingungen der frühen Weimarer Republik alles andere als leicht hatte, waren der Reichspräsident Friedrich Ebert und herausragende Figuren des Berliner akademisch-intellektuellen Lebens wie die Historiker Friedrich Meinecke, Erich Marcks und Hans Delbrück gefolgt. Den Hauptvortrag hielt einer der größten Gelehrten des untergegangenen Kaiserreichs, der protestantische Theologe, Historiker, Philosoph Ernst Troeltsch; sein Thema: „Naturrecht und Humanität in der Weltpolitik"[2]. Die Gedankenführung dieses Vortrags faszinierte schon die Zeitgenossen. Thomas Mann nahm nach Lektüre des Textes in einem ausführlichen Artikel in der Frankfurter Zeitung zu ihm Stellung; Friedrich Meinecke setzte sich im Schlusskapitel seines Buches „Die Idee der Staatsräson", das er dem Andenken seines Freundes Troeltsch widmete, mit ebendiesem Vortrag auseinander; und noch der emigrierte politische Philosoph Leo Strauss begann seine Chicagoer Vorlesungen von 1949, mit denen er Amerika vor dem fatalen relativistischen Einfluss aus dem besiegten Deutschland warnen wollte und aus denen sein

---

[2] Ernst Troeltsch, Naturrecht und Humanität in der Weltpolitik (1923), Schriften zur Politik und Kulturphilosophie (1918–23), Kritische Gesamtausgabe Bd. 15, Berlin 2002, 493–512. Wichtige Informationen zu den Hintergründen dieses Textes enthalten der Editorische Bericht, ebd., 477–490, und die Einleitung des Herausgebers Gangolf Hübinger zu diesem Band, 1–42.

einflussreiches Buch „Naturrecht und Geschichte" hervorging, mit einem Verweis auf Troeltschs Text.[3] Doch die Faszinationskraft ist bis heute nicht erloschen, ja vielleicht kann erst von uns Heutigen, Generationen später, Troeltschs Vision ganz verstanden werden.

Worin bestand das Besondere an diesem Vortrag? Es besteht in einer unerhört produktiven Konfrontation der westlichen Menschenrechts-Tradition mit einem vornehmlich in Deutschland entwickelten anspruchsvollen Begriff von Individualität, Schöpfertum und Selbstverwirklichung. Der Tonfall Troeltschs war dabei durchaus nüchtern und besonnen. Der Autor war während der ersten Jahre des Krieges selbst an vorderster Front der nationalistischen Professorenpublizistik tätig gewesen und hatte dabei vor allem die Unterschiede zwischen Deutschland und dem Westen markiert – kenntnisreich und weitgehend erhaben über primitive Stereotypisierungen zwar, aber doch vor allem an der Konstruktion einer unübersteigbaren kulturellen und politischen Differenz orientiert. Verlauf und Ende des Krieges und der Zusammenbruch der Monarchie trieben ihn nun allerdings nicht wie andere, etwa Oswald Spengler, weiter in der Richtung nationalistischer Radikalisierung. Er passte sich aber auch nicht nur äußerlich-taktisch als „Vernunftrepublikaner" den neuen Bedingungen an und er warf sich ebenso wenig in einer völligen Kehrtwendung dem gerade noch abgewerteten „Westen" an den Hals. In einer echten und tief schürfenden Selbstkritik versuchte er vielmehr, die unheilvolle Verknüpfung aufzusprengen, die das anspruchsvolle Verständnis von Individualität in Deutschland mit einer Verhimmelung von Staatsräson und Machtpolitik eingegangen war. Um dieses Ziel zu erreichen, stellte er zunächst klar, dass es sich bei den Ideen von Naturrecht und Humanität nicht, wie der Zeitgeist annahm, „um neue und besondere westeuropäische Begriffe, sondern um uralte europäisch-antik-christliche Ideen" handelte, „die den

---

[3] Thomas Mann, Naturrecht und Humanität, Frankfurter Zeitung vom 25. 12. 1923, in: Aufsätze, Reden, Essays, Bd. 3, Berlin 1986, 428–431; Friedrich Meinecke, Die Idee der Staatsräson, München 1924/1957; Leo Strauss, Naturrecht und Geschichte, Frankfurt a. M. 1956/1977, 1.

Grundstock der europäischen Geschichtsphilosophie und Moral bildeten und mit Theologie und Humanismus seit Jahrtausenden verschwistert sind"[4]. Der Katholizismus sei dieser „gemeineuropäischen Tradition"[5] immer viel näher geblieben, wovon nur das romantische Katholizismus-Bild abgelenkt habe. Neu und modern dagegen seien die typisch deutschen romantischhistoristischen Konzeptionen. Diese seien geradezu aus einer Revolte gegen das Naturrecht entstanden, das in seiner modernen Form als die Verschmelzung von Utilitarismus und Moral wahrgenommen wurde. Gegen diese sei der Sinn der Revolteure „auf das Individuelle, Positive, Immer-neu-Produktive, Schöpferische, Geistig-Organische, auf überpersönliche, plastische Bildkräfte"[6] gerichtet.

In der Tat wurde seit Herder und Humboldt der Mensch in einem wesentlichen Strang der deutschen Geistesgeschichte nicht als ein nutzenkalkulierendes und auch nicht als ein vornehmlich den Geboten einer rationalen Moral folgendes Individuum aufgefasst, sondern als ein sich in seinen Äußerungen und Handlungen ausdrückendes und in diesem Sinn selbst verwirklichendes Wesen.[7] Die Individuen sind in dieser Sichtweise nicht prinzipiell gleichartige Atome, deren Beziehungen zueinander universalen Gesetzen unterliegen, sondern jeweils höchst eigenartige Persönlichkeiten, die den Weg ihrer Selbstverwirklichung in komplizierten Bildungsprozessen eigentätig finden müssen. Auch ein anderes Verständnis von „Gemeinschaft", die von Vertragsbeziehungen schroff unterschieden wird, von Menschheit, die als Kampf der Nationalgeister aufgefasst, und von Geschichte, die nicht als Fortschritt gedeutet wird, ergibt sich aus diesem epochalen denkerischen Umbruch. Troeltsch lässt keinen Zweifel daran, dass es für ihn und uns ein einfaches Zurück hinter diesen Umbruch, einen Verzicht auf dieses anspruchsvolle Verständnis aller, auch unserer eigenen, Individualität nicht geben kann. Nicht in einer solchen Rücknahme besteht sein Gestus,

---

[4] Troeltsch, Naturrecht und Humanität (s. o. Anm. 2), 495.
[5] Troeltsch, Naturrecht und Humanität (s. o. Anm. 2), 497.
[6] Troeltsch, Naturrecht und Humanität (s. o. Anm. 2), 502.
[7] Vgl. dazu Hans Joas, Die Kreativität des Handelns, Frankfurt a. M. 1992, 113–127.

sondern in der Unnachgiebigkeit des Fragens, ob denn die politischen Ausdrucksformen dieser Vorstellungen expressiver Individualität in Deutschland und ihre Gegenstellung gegen westlichen Universalismus zu rechtfertigen seien. Im Rückblick stellten sich ihm die Folgen des großartigen Aufbruchs der klassischen Zeit deutschen Denkens als Verfallsgeschichte dar:

> *„[...] aus der individuellen Fülle der Volksgeister wurde die Verachtung der allgemeinen Menschheitsidee, aus der pantheistischen Staatsvergötterung die ideenlose Achtung des Erfolges und der Gewalt, aus der romantischen Revolution ein sattes Behagen am Gegebenen, aus dem jeweils individuellen Recht eine rein positive Satzung des Staates, aus der hochgeistigen, überbürgerlichen Moral die Moralskepsis überhaupt, aus dem Drang des deutschen Geistes zu einem staatlichen Leibe derselbe Imperialismus wie überall sonst in der Welt".* [8]

Ganz ausdrücklich setzt Troeltsch sich von der verhängnisvollen Antipathie in Deutschland gegen Menschenrechte und Völkerbund ab. „In der Idee der Menschenrechte, die nicht vom Staat verliehen werden, sondern ihm und aller Gesellschaft selbst als ideale Voraussetzungen dienen, liegt ein Kern von Wahrheit und von Forderungen des europäischen Ethos, der nicht vernachlässigt werden darf, *sondern in jene Ideen eingearbeitet werden muss.*"[9] Die eigentliche Pointe steckt dabei im letzten Teilsatz. Troeltsch bemüht sich nicht nur darum, die anti-westliche Mischung von romantischer Überheblichkeit und militaristischem Ordnungswahn in Deutschland zu überwinden, sondern er will aus der Tradition deutschen Individualitäts- und Geschichtsdenkens heraus einen eigenen, neuen und potentiell überlegenen Weg zur Stützung des Ideals der Menschenrechte finden.

Eben darin besteht auch die unabgegoltene Forderung, die sein Text heute noch ausstrahlt. Es könnte ja zunächst so scheinen, als wäre Troeltschs Text nur ein historisches Dokument

---

[8] Troeltsch, Naturrecht und Humanität (s. o. Anm. 2), 504.

[9] Troeltsch, Naturrecht und Humanität (s. o. Anm. 2), 510 (Hervorhebung H. J.).

vom langen und mühevollen Weg Deutschlands nach Westen. Dieser Weg führte zwar zunächst noch tiefer in anti-westliches Ressentiment hinein, so dass im Dritten Reich ein Historiker (Wilhelm Ihde) die Idee der Menschenrechte aus einem – wörtlich – „dekadenten und pathologischen Menschentyp"[10] ableiten konnte; aber durch die Katastrophe des Zweiten Weltkrieges und des Holocaust hindurch kam es dann zunächst in der alten Bundesrepublik und nach der Wiedervereinigung in ganz Deutschland schrittweise zu einer Verwestlichung, die Troeltschs Pathos überholt erscheinen lassen könnte. Aber dies wäre eine grobe Verkürzung der Dinge, zum einen schon deshalb, weil der Westen ja nie so homogen war, wie es das anti-westliche Ressentiment oder auch eine bemühte kulturelle Verwestlichung annahmen; die Unterschiede zwischen den westlichen Ländern und zwischen politischen Lagern und kulturellen Traditionen dort können nur aus großer Distanz als vernachlässigenswert erscheinen. Zum anderen sind in den Westen selbst kulturelle Spannungen eingebaut, die denen durchaus ähneln, aus denen man eine prinzipielle Differenz zwischen Deutschland und dem Westen konstruiert hat. Die französische Menschenrechts-Erklärung von 1789 etwa proklamiert in *einem* Akt die Unverletzlichkeit individueller Freiheiten und die Souveränität eines allgemeinen Willens, ohne das Spannungsverhältnis beider Prinzipien wirklich auszutragen. Folgt man der „Critique de la Modernité" des französischen Soziologen Alain Touraine[11], verbirgt sich hier eine Spannung zwischen zwei grundlegenden Prinzipien von Modernisierung, einer fortschreitenden Rationalisierung einerseits, einer fortschreitenden Subjektivierung andererseits. Diese Spannung wurde zwar punktuell überdeckt, brach aber immer wieder und spätestens mit den kulturellen Umbrüchen der 1960er Jahre in allen westlichen Gesellschaften auf. Das zeigt, dass Troeltschs Frage nach einer Alternative zu utilitaristischen oder rationalistischen Begründungen der Men-

---

[10] Wilhelm Ihde, Wegscheide 1789. Darstellung und Deutung eines Kreuzweges der Europäischen Geschichte, 1941, zit. nach Wolfgang Schmale, Archäologie der Grund- und Menschenrechte in der Frühen Neuzeit, München 1997, 71 f.

[11] Alain Touraine, Critique de la modernité, Paris 1992, 70–74.

schenrechte auch im Westen und vermehrt durch die historisch erstmalige massenhafte Verbreitung des Werts schöpferischer Selbstverwirklichung an Aktualität eher gewonnen hat. Wie kann der Glaube an die Menschenrechte und an eine universale Menschenwürde mit dem Ethos der Selbstverwirklichung verknüpft werden? – so könnte man Troeltschs Impetus von 1922 heute paraphrasieren. Diese komplexe Frage kann nur beantwortet werden, wenn ihre beiden Pole vorher geklärt werden. So ist zu untersuchen, ob es denn überhaupt zutrifft, wie es die anti-westlichen Darstellungen vorgaben, dass die Menschenrechte aus dem Begehren nach „geschäftlicher Bewegungsfreiheit" (so Gerhard Ritter[12]) und aus dem antireligiösen Geist der französischen Aufklärung hervorgingen. Damit ist die Frage nach religiösen Wurzeln der Menschenrechte aufgeworfen. Auf der anderen Seite ist zu klären, ob das Ethos der Selbstverwirklichung aus sich heraus notwendig eine prometheische Selbstüberhebung des Menschen darstellt oder ob es vielmehr auf einen Formwandel der Religiosität in Richtung individueller und expressiver Formen von Spiritualität zielt. Wie aber kann dann unter diesen neuen Bedingungen eine affektive Bindung an universalistische moralische Werte entstehen?

Zunächst zur Frage der historischen Entstehung. Ausgangspunkt der folgenden Überlegungen ist ein Buch von 1895, das man als den „Paukenschlag" bezeichnet hat, mit dem die Forschung zu dieser Frage erst eigentlich einsetzte.[13] Die Rede ist von Georg Jellineks Buch „Die Erklärung der Menschen- und Bürgerrechte. Ein Beitrag zur modernen Verfassungsgeschichte".[14] Vier aufregende Thesen lassen sich diesem Buch entnehmen.[15] Erstens behauptet Jellinek, der einer der bedeutendsten Verfassungshistoriker und Rechtstheoretiker seiner Zeit war,

---

[12] Gerhard Ritter, Wesen und Wandlungen der Freiheitsidee im politischen Denken der Neuzeit, in: ders., Das sittliche Problem der Macht, Bern 1948, 105–138, hier: 112.

[13] Schmale, Archäologie (s. o. Anm. 10), 30.

[14] Georg Jellinek, Die Erklärung der Menschen- und Bürgerrechte. Ein Beitrag zur modernen Verfassungsgeschichte, München – Leipzig 1895/1919.

[15] Vgl. dazu auch das Vorwort von Jellineks Sohn Walter, in: Jellinek, Menschen- und Bürgerrechte (s. o. Anm. 14), VI f.

dass die Erklärung der Menschen- und Bürgerrechte in der Französischen Revolution keineswegs, wie meist angenommen wird, der unhintergehbare historische Ursprung der Kodifizierung der Menschenrechte gewesen sei. Diese Erklärung sei vielmehr direkt beeinflusst oder sogar modelliert durch Vorgänger, nämlich die verschiedenen „Bills of Rights" in den neuen, sich unabhängig erklärenden nordamerikanischen Staaten wie Virginia, Pennsylvania usw. im Jahr 1776 und in der amerikanischen Unabhängigkeitserklärung. Zweitens bestritt Jellinek – gegen die herrschende Lehre seiner Zeit –, dass Rousseaus „Contrat social" das Vorbild für die französische Erklärung gewesen sein könne. Drittens hob er hervor, dass wir die Kontinuität zwischen Naturrecht und Menschenrechten nicht überschätzen dürften, da naturrechtliche Vorstellungen allein und als solche niemals zur Institutionalisierung der Menschenrechte geführt hätten. Hier fehlte noch die eigentlich dynamische Kraft, und diese fand Jellinek, wie seine vierte These besagt, in den Kämpfen nordamerikanischer Protestanten um religiöse Freiheit. Mit diesen Thesen verlagerte Jellinek die Urheberschaft an den frühesten Menschenrechtserklärungen von der eher religionsskeptischen oder religionsfeindlichen französischen Aufklärung auf christliche Wurzeln. Er wurde damit auch zur Inspiration für die viel berühmtere Schrift über „Die protestantische Ethik und den Geist des Kapitalismus" von Max Weber, der sich tief beeindruckt zeigte von Jellineks „Nachweis religiöser Einschläge in der Genesis der ‚Menschenrechte' für die Untersuchung der Tragweite des Religiösen überhaupt auf Gebieten, wo man sie zunächst nicht sucht"[16].

---

[16] So Max Weber in einer Gedenkrede auf den verstorbenen Freund anlässlich der Hochzeit von einer von dessen Töchtern. Vgl Marianne Weber, Max Weber. Ein Lebensbild, Heidelberg 1950, 520. Auf die Bedeutung Jellineks für Weber hat Günther Roth immer wieder hingewiesen. Vgl. Reinhard Bendix/Günther Roth, Scholarship and Partisanship, Berkeley 1971, 308–310. Die Literatur zum Verhältnis von Jellinek und Weber geht auf die hier interessierende Fragestellung (erstaunlicherweise) oft gar nicht ein. Vgl. Stefan Breuer, Georg Jellinek und Max Weber. Von der sozialen zur soziologischen Staatslehre, Baden-Baden 1999; Gangolf Hübinger, Staatstheorie und Politik als Wissenschaft im Kaiserreich: Georg Jellinek, Otto Hintze, Max Weber, in: Hans Maier u. a. (Hgg.), Politik, Philosophie, Praxis. Festschrift für

Was ist von Jellineks Thesen bei unserem heutigen Wissensstand zu halten?

Bei der Beantwortung dieser Frage sind drei verschiedene Zeitebenen ständig zugleich im Auge zu behalten. Die erste Ebene ist die des späten 18. Jahrhunderts, in dem in Nordamerika und Frankreich Menschenrechtserklärungen verkündet wurden. Die zweite Ebene ist die Zeit um 1900, in der die Frage christlicher, speziell protestantischer Wurzeln der Moderne überhaupt zu einem Schlüsselthema geistiger Auseinandersetzungen wurde. Und die dritte zeitliche Ebene ist natürlich unsere Gegenwart, von der aus wir auf die Entstehung der Menschenrechte und die Wirkungsgeschichte der Interpretationen dieser Ideen zurückblicken. Die mittlere Ebene bleibt von Bedeutung, da es hier ja nicht nur um historische Details und Fakten geht, sondern um die Deutung des geschichtlichen Prozesses, der die Menschenrechte hervorgebracht hat. Für eine solche Deutung sind die Kontroversen über die Menschenrechte als Teil der Moderne, wie sie um 1900 geführt wurden, aber auch heute noch von höchster Bedeutung.

Sofort nach seiner Veröffentlichung wurde Jellineks Buch zum Gegenstand einer hitzigen nationalen und internationalen Debatte. Französische Kritiker nahmen es als hinterhältigen Versuch wahr, den französischen Beitrag zu einer der bedeutendsten modernen Errungenschaften zu leugnen.[17] Noch in dem repräsentativen Buch von Marcel Gauchet zur Entstehung der französischen Menschenrechtserklärung aus dem Jahr 1989[18] spürt man den Tonfall nationalen Widerstrebens, wenn es heißt, dass man „der deutschen Wissenschaft" zugestehen müsse, dass

---

Wilhelm Hennis, Stuttgart 1988, 143–161. Trotz seines viel versprechenden Titels gilt dies auch für: Benjamin Nelson, Max Weber, Ernst Troeltsch, Georg Jellinek as Comparative Historical Sociologists, in: Sociological Analysis 36 (1975), 229–240.

[17] Am bekanntesten ist die Kritik von Émile Boutmy, auf die Jellinek ausführlich reagiert hat. Vgl. die beiden Beiträge in der Sammlung von Roman Schnur (Hg.), Zur Geschichte der Erklärung der Menschenrechte, Darmstadt 1964, 78–112 (Boutmy, Die Erklärung der Menschen- und Bürgerrechte und Georg Jellinek) und 113–128 (Jellinek, Antwort an Boutmy).

[18] Marcel Gauchet, Die Erklärung der Menschenrechte. Die Debatte um die bürgerlichen Freiheiten 1789, Reinbek 1991/1989, 44.

der Einfluss der amerikanischen Deklarationen tatsächlich von entscheidender Bedeutung gewesen sei. In Deutschland war Jellineks These für all diejenigen ein wichtiger Referenzpunkt, die die Frage der Menschenrechte aus den mit Skepsis und Ressentiment betrachteten Verfassungstraditionen des französischen „Erbfeinds" herauslösen wollten. Hier rief Jellineks Schrift aber wiederum katholische Kritiker auf den Plan, die vehement mögliche protestantische Überlegenheitsansprüche in Hinsicht auf die Geschichte von Freiheit und Toleranz bestritten. Jellinek fand seine Intentionen und seine Schrift in vielen Hinsichten missverstanden. Sie ist auch wirklich mit solch kleinlichen Unterstellungen konfessionspolitischer und nationalistischer Art nicht zu erfassen. Stattdessen scheint es mir zwingend, Jellineks Werk als einen Versuch zu interpretieren, aus den Sackgassen der Debatte zwischen Historismus und Naturrechtslehren herauszuführen.[19] Wie die Historisten glaubte Jellinek nicht daran, dass man aus irgendeiner Philosophie, auch nicht aus dem Naturrecht oder Kant, bindende Metanormen für die Regulierung des positiven Rechts ableiten könne. In diesem Sinne blieb er ein Verfechter der unbegrenzten Souveränität des Staates. Aber im Gegensatz zu vielen deutschen Historikern seiner Zeit, insbesondere den antiliberalen und nationalchauvinistischen unter ihnen, hielt er Naturrechtsvorstellungen auch nicht für „haltlose Träumereien", sondern sympathisierte mit der rechtlichen Selbstbindung des Staates und mit der Positivierung individueller Freiheitsrechte.[20] Er musste deshalb versuchen, einen Platz

---

[19] Damit folge ich einer Anregung von Ernst Troeltsch; vgl. dessen Rezension von Jellineks „Ausgewählte Schriften und Reden", in: Zeitschrift für das Privat- und öffentliche Recht in der Gegenwart 39 (1912), 273–278. Vgl. jetzt auch in derselben Richtung Friedrich Wilhelm Graf, Puritanische Sektenfreiheit versus lutherische Volkskirche. Zum Einfluss Georg Jellineks auf religionsdiagnostische Deutungsmuster Max Webers und Ernst Troeltschs, in: Zeitschrift für neuere Theologiegeschichte 9 (2002), 42–69. Zu Troeltschs eigener Position in dieser Hinsicht ist interessant: Jean-Marc Tétaz, Identité culturelle et réflexion critique. Le problème de l'universalité des droits de l'homme aux prises avec l'affirmation culturaliste. La stratégie argumentative d'Ernst Troeltsch, in: Études théologiques et religieuses 74 (1999), 213–233.

[20] Besonders intensiv ist diesen Spannungen in Jellineks Denken jetzt nachgegangen: Jens Kersten, Georg Jellinek und die klassische Staatslehre, Tü-

für diese Rechte innerhalb seines historistischen Ansatzes zu finden. Damit bezeichnet seine Schrift schon den Punkt, an dem der Historismus, seiner relativistischen Gefahren innewerdend, über sich selbst hinauszugehen versucht. Dieser Punkt ist uns Heutigen nicht fremd. Wenn man die Frage nach den historischen Wurzeln der Idee unveräußerlicher individueller Rechte nicht als eine bloße Genesis-Frage auffasst, die ganz unabhängig von der Begründung der Geltung ist, dann ist hier ein wesentlicher Punkt markiert. Es geht dann nämlich um die prinzipielle Möglichkeit, trotz der Einsicht in die historische Kontingenz der Entstehung von Werten universelle Geltungsansprüche zu vertreten.[21]

Ein großer Teil von Jellineks Argumentation kann heute trotz aller Einwände, die gegen sie erhoben wurden und werden, als gut bestätigt gelten. Er hatte nicht nur Recht, als er die chronologische Priorität der amerikanischen Menschenrechtserklärungen und ihren wichtigen Einfluss auf die französische „Déclaration" hervorhob, obwohl diese natürlich keine bloße Nachahmung der amerikanischen war. Er hatte auch Recht, als er darauf hinwies, dass ein Unterschied sei zwischen Naturrechtslehren einerseits und andererseits der rechtlichen Kodifizierung spezifischer Individualrechte, die für alle Menschen gelten sollen und aller Gesetzgebung entzogen sind. „[...] die Behauptung objektiver sittlicher und rechtlicher Schranken aller weltlichen Gewalten",

---

bingen 2000. Auch er sieht Jellineks Staatslehre als Versuch zur „Vermittlung zwischen Faktizität und Normativität" (ebd., 5) auf historischem und etatistischem Boden, vgl. ebd., 410: „Die Selbstbindungslehre will eine Antwort auf die spezifisch für den deutschen Konstitutionalismus bestehende Frage geben, wie sich ein formal von jeder rechtlichen Bindung frei gedachter, faktischer Staatswille Normativität beilegen kann." Er wirft Jellineks Denken freilich vor, mit dem Primat des Staats vor den Bürgern sichtlich in der deutschen Tradition des vordemokratischen Machtstaats verankert zu sein und die Grundrechte nicht im Sinne einer Gründungsurkunde eines bürgerlichen Gemeinwesens zu verstehen (vgl. ebd., 427). Damit wird die Nähe Kerstens zu vertragstheoretischen Vorstellungen und zur französischen Tradition erkennbar. Mit deren immanenten Schwierigkeiten setzt er sich nicht auseinander, was sein Urteil über Jellinek etwas einseitig ausfallen lässt.

[21] Darum geht es auch in Hans Joas, Die Entstehung der Werte, Frankfurt a. M. 1997.

schreibt Hasso Hofmann, Jellinek zustimmend, geht „nicht von selbst in eine Theorie subjektiver Rechte über. Der Gedanke rechtsstaatlicher Freiheit und Sicherheit vor *ungesetzlicher* Willkür ist nicht gleichbedeutend mit der menschenrechtlichen Idee einzelner fundamentaler Freiheiten samt ihrer Sicherung gegen *gesetzliche* Willkür."[22] Es ist Jellinek auch zuzustimmen, wenn er es ablehnt, die englische Rechtstradition mit ihren Verbriefungen von Freiheitsrechten als direkte Hinführung zu den Menschenrechtserklärungen des späten 18. Jahrhunderts aufzufassen, da sich diese Garantien nur auf hergebrachte Rechte der Untertanen des englischen Königs und keinesfalls auf alle Menschen bezogen. Ebenso traf es zu, dass Rousseau als Ursprung unveräußerlicher, gerade auch gegen den Staat geltender Freiheitsrechte nicht in Frage kommt, da er gerade gegen jede Begrenzung der Volkssouveränität in der Gesetzgebung argumentiert hatte. Er repräsentiert in dieser politischen Hinsicht eher die kollektivistische als die individualistische Inspirationsquelle der französischen Menschenrechtserklärung, wenn man nicht sagen will, dass sich in seinem Werk dieselbe unaufgelöste Spannung findet wie in der „Déclaration". Wenn man also trotz einzelner Gegenstimmen in all diesen Punkten davon sprechen kann, dass heute weitgehend Konsens zu Gunsten Jellineks herrscht, dann verengt sich die Debatte auf die letzte, allerdings auch steilste These seines Buches, die These von den religiösen Wurzeln der amerikanischen Menschenrechtserklärungen.

Hier ist größte Umsicht angebracht. Zunächst einmal ist klarzustellen, dass es dabei nicht einfach um geistesgeschichtliche Hintergründe geht. Natürlich war sich Jellinek bewusst, dass der Glaube an die Würde aller Menschen tief reichende Wurzeln in der jahrtausendealten jüdisch-christlichen Tradition hat – doch kann man diese Tradition gleichwohl nicht als eine einzige Reifungsgeschichte der modernen Ideen behandeln, wenn man berücksichtigt, wie häufig ihr Universalismus gebrochen wurde, indem Juden, Ketzern oder Eingeborenen ebendie proklamierten Rechte vorenthalten wurden. Die geistesgeschichtlichen Wurzeln

---

[22] Hasso Hofmann, Zur Herkunft der Menschenrechtserklärungen, in: JuS 28 (1988), 841–848, hier 844.

der Menschenrechte im Renaissance-Humanismus, der Reformation oder der spanischen Spätscholastik sind überhaupt für das Verständnis der Fragestellung weniger interessant als die Dynamik ihrer plötzlichen Institutionalisierung. Und hier sah Jellinek den Kampf amerikanischer Protestanten, insbesondere der (calvinistischen) Kongregationalisten, um religiöse Freiheit als entscheidend an. Obwohl die verschiedensten Regime religiöse Toleranz kannten – etwa Preußen unter Friedrich dem Großen im Geist des aufgeklärten Absolutismus oder das koloniale Maryland unter katholischen Vorzeichen –, lagen dort meist Nützlichkeitskalkulationen der Toleranzpolitik zugrunde. Jellinek interessierte sich aber für religiöse Wurzeln des Kampfs um Religionsfreiheit, und das heißt der Religionsfreiheit nicht nur für das eigene Bekenntnis, sondern für alle Gläubigen. Dies ist – wie man im Angesicht der Bedrohung durch den islamischen Fundamentalismus hinzufügen kann – ein äußerst aktuelles Thema. Der Held seiner Geschichte ist dementsprechend der puritanische Prediger Roger Williams, der 1636 aus Massachusetts auszog und in Rhode Island Religionsfreiheit nicht nur für Christen aller Art, sondern auch „für Juden, Heiden und Türken" garantierte. Die zentrale These Jellineks ist also:

> *„Die Idee, unveräußerliche, angeborene, geheiligte Rechte des Individuums gesetzlich festzustellen, ist nicht politischen, sondern religiösen Ursprungs. Was man bisher für ein Werk der Revolution gehalten hat, ist in Wahrheit eine Frucht der Reformation und ihrer Kämpfe. Ihr erster Apostel ist nicht Lafayette, sondern jener Roger Williams, der, von gewaltigem, tief religiösem Enthusiasmus getrieben, in die Einöde auszieht, um ein Reich der Glaubensfreiheit zu gründen, und dessen Namen die Amerikaner heute noch mit tiefster Ehrfurcht nennen."*[23]

Alle anderen Individualrechte – wie Meinungs-, Presse- und Versammlungsfreiheit – entstammen nach Jellinek dieser Quelle. Die ganze Idee, dass Individuen nicht nur Rechte in einem

---

[23] Jellinek, Menschen- und Bürgerrechte (s. o. Anm. 14), 57.

Staat, sondern auch gegen den Staat haben und dass diese nicht einfach vom Staat verliehen werden, diese Idee weist, zumindest im Sinne historischer Erklärung, auf religiöse Ursprünge.

An dieser These sind nach heutigem Wissensstand drei große Korrekturen angebracht. Die erste dieser Korrekturen stammt von keinem anderen als Ernst Troeltsch. Für ihn waren es, wie er in seinem großen Werk über „Die Soziallehren der christlichen Kirchen und Gruppen" argumentierte, nicht wie für Jellinek die Calvinisten, die einer religiös fundierten Idee religiöser Freiheit zum Durchbruch verhalfen, sondern die Baptisten, die Quäker und eine Art von freiem Spiritualismus, die „Stiefkinder der Reformation", wie er formulierte. „Erst der individualisierende und alle äußeren Formen relativierende Spiritualismus ist der Vater wirklicher Toleranz; calvinistisch ist nur das Pathos der staatlichen Unantastbarkeit der Religion."[24] Leicht widerstrebend hat Jellinek diese Korrektur in der dritten Auflage seines Buches akzeptiert.

Die zweite Korrektur bezieht sich auf die im schlechten Sinn historistische Unterstellung, in der Religionsfreiheit die Keimzelle aller Menschenrechte gefunden zu haben. Dies lässt sich nicht halten. Für Frankreich gilt diese Annahme ohnehin nicht, aber auch in den meisten nordamerikanischen Kolonien oder dann Staaten galt Religionsfreiheit keineswegs. Es dauerte sogar bis ins 20. Jahrhundert, bis die auf Bundesebene festgelegte Trennung von Staat und Kirche auch in allen Einzelstaaten der USA rechtlich gesichert wurde. Insgesamt aber wirkten sich auf den Prozess der Kodifizierung der Menschenrechte natürlich auch opportunistisch-strategische Überlegungen der gesellschaftlichen Akteure, Kräftekonstellationen und Gelegenheitsstrukturen aus. Obwohl es also zutrifft, dass die rechtliche Anerkennung der Religions- und Gewissensfreiheit die erste Gestalt eines allgemeinen Menschenrechts darstellt, dürfen wir ihr deshalb noch lange nicht eine eigene kausale Kraft zuschreiben oder ihre Bedeutung im späten 18. Jahrhundert überschätzen. Der Dynamik der Institutionalisierung würden wir damit gerade nicht gerecht.

---

[24] Ernst Troeltsch, Die Soziallehren der christlichen Kirchen und Gruppen, Tübingen 1912, 761.

Aber dies heißt drittens ebenfalls nicht, dass wir die Rolle religiöser Deutungen und Motive in dieser Zeit gering schätzen sollten. Wir müssen lediglich aus der undialektischen Gegenüberstellung der beiden Erklärungshypothesen heraus, von denen eine den amerikanischen Protestantismus, die andere die französische Aufklärung für die Entstehung der Menschenrechte verantwortlich macht. Viel mehr als Jellinek hatte schon Troeltsch die transformierenden Wirkungen erkannt, die das aufklärerische Denken in Nordamerika auf das protestantische Christentum ausübte. Nach einem bekannten Wort lernten die Amerikaner im 18. Jahrhundert ihre Aufklärung von der Kanzel.[25] Umgekehrt gab es auch Affinitäten zwischen Formen des christlichen Spiritualismus und dem Rationalismus der Aufklärung. Für Troeltsch war diese Gemengelage nichts Unerhörtes, da es für ihn in der ganzen Geschichte der abendländischen Kultur immer ein Wechselspiel zwischen der christlichen Liebesidee und Konzeptionen des Naturrechts gegeben hat. Gegenwärtige gründliche Studien zur Entstehungsgeschichte der amerikanischen Unabhängigkeitserklärung von 1776 zeigen höchst anschaulich, wie unmöglich in der amerikanischen puritanischaufklärerischen Synthese klare Grenzziehungen sind. Der Hauptautor der Erklärung, Thomas Jefferson, war zwar ein Deist und nur in einem sehr weiten Sinn ein Christ, insofern er die Lehren Jesu akzeptierte, ihm aber keine Göttlichkeit zusprach. Mit seinen Formulierungen strebte Jefferson aber einen Konsens an, dem sich die verschiedenen Richtungen des Christentums und auch aufklärerische Nicht-Christen unterordnen konnten. Als evidente Vernunftwahrheit wird behauptet, dass der Schöpfer uns mit unveräußerlichen Rechten ausgestattet hat. Die Delegierten des Continental Congress verstärkten dann die Bezüge zu Gott in seinem Text, teilweise vermutlich aus strategischen Gründen, um die Akzeptanz bei den Bürgern zu erhöhen, teilweise aber gewiss auch aus echter Überzeugung. Wenngleich aus der Religionsfreiheit damit nicht die übrigen Menschen-

---

[25] Vgl. Dieter Grimm, Europäisches Naturrecht und amerikanische Revolution, in: ius commune, Veröffentlichungen des Max-Planck-Instituts für Europäische Rechtsgeschichte 3 (1970), Frankfurt a. M., 120–151.

rechte gleichsam organisch hervorgehen, wurde sie doch im Amerika des späten 18. Jahrhunderts „als die ‚erste Freiheit' verstanden, als das bedeutendste und wichtigste der Freiheitsrechte, das die Grundlage der gesamten übrigen Verfassung bildet"[26]. In dieser modifizierten Form ist Jellineks These von den religiösen Wurzeln der Menschenrechtserklärung für Nordamerika also sehr wohl bestätigt.

Wenn dies zutrifft, dann ergeben sich beträchtliche Auswirkungen auf unser Verständnis der Moderne, als deren Bestandteil die Menschenrechte unbestreitbar gelten. Es gerät dann nämlich eine Deutung ins Rutschen, der zufolge die Entstehung der Menschenrechte Teil eines Prozesses ist, den man als Sakralisierung oder Charismatisierung der Vernunft bezeichnet hat. Für einige an Max Weber anknüpfende Autoren[27] spielt sich die Entstehung der Menschenrechte ausschließlich im Kontext

---

[26] Wolfgang Vögele, Menschenwürde zwischen Recht und Theologie. Begründungen von Menschenrechten in der Perspektive öffentlicher Theologie, Gütersloh 2000, 103; von einer „Liberal-Puritan Synthesis" und ihrer Institutionalisierung spricht in einer Darstellung, die Jellinek weitgehend bestätigt und – eine Ausnahme im amerikanischen Schrifttum – auch ausdrücklich erwähnt: Max Stackhouse, Creeds, Society, and Human Rights, Grand Rapids/Mich. 1984, v. a. 70 ff. Eine vorzügliche neuere Studie zu Roger Williams ist: Timothy L. Hall, Separating Church and State. Roger Williams and Religious Liberty, Chicago 1998.

[27] Günther Roth, Politische Herrschaft und persönliche Freiheit, Heidelberg 1987, 147; Stefan Breuer, Das Charisma der Vernunft, in: Winfried Gebhard/Arnold Zingerle/Michael Ebertz (Hgg.), Charisma, Berlin 1993, 154–184. In seiner umfangreichen Studie zu Webers Rechtssoziologie streift unser Thema Werner Gephart, Gesellschaftstheorie und Recht. Das Recht im soziologischen Diskurs der Moderne, Frankfurt a. M. 1993, 565 ff. Erwähnenswert außerdem: Jean Martin Ouédraogo, Sociologie religieuse et modernité politique chez Max Weber, in: Revue européenne des sciences sociales 34 (1996), 25–49. Besonders ausführlich hat sich im Zusammenhang der Menschenrechtsdiskussion mit Max Weber auseinander gesetzt: Winfried Brugger, Menschenrechtsethos und Verantwortungspolitik. Max Webers Beitrag zur Analyse und Begründung der Menschenrechte, Freiburg 1980; ders., Sozialwissenschaftliche Analyse und menschenrechtliches Begründungsdenken. Eine Skizze im Anschluss an Max Webers Werk, in: Rechtstheorie 11 (1980), 356–377. Interessant ist besonders Bruggers Betonung der konstitutiven Rolle von Unrechtserfahrungen. Vgl. jetzt außerdem: Matthias König, Menschenrechte bei Durkheim und Weber, Frankfurt a. M. 2002, 78–138.

eines Vernunftglaubens ab, der seinen charakteristischen Ausdruck in Robespierres quasi-religiösem „Kult der Vernunft" fand, aber auch im Marxismus mit seiner Prätention, „wissenschaftlicher Sozialismus" zu sein, fortgesetzt wurde.

Ziehen wir deshalb an dieser Stelle Max Weber selbst zu Rate. Sosehr er von Jellinek (und Troeltsch) in diesen Dingen beeinflusst war, gab er ihrer Argumentation doch auch einen spezifischen Dreh. Er integrierte sie nämlich in seine Sicht des okzidentalen Rationalismus und seiner Zukunft. Auf den ersten Blick scheint Jellineks These perfekt in diesen Rahmen zu passen, was ja auch kein Zufall ist, da Webers eigene Studien zum Puritanismus stark von Jellineks Schrift inspiriert worden waren. Irritierend ist allerdings, wie der Glaube an die Menschenrechte in den „Soziologischen Grundbegriffen" Webers auftaucht. Von wenigen bemerkt, verweist Weber im § 1 im Zusammenhang seiner Überlegungen über Deutung und Sinnverstehen auf die Menschenrechte als „extrem rationalistische Fanatismen" und als Inbegriff solcher letzten Zwecke oder Werte, die wie „viele religiöse und karitative Virtuosenleistungen für den dafür Unempfänglichen" nicht oder kaum verständlich sind für denjenigen, der sie nicht teilt oder „seinerseits radikal perhorresziert".[28] Weber dachte hier gewiss an die französisch-aufklärerische Version der Menschenrechte. Aber für ihn bestand zwischen dieser Betonung des rationalistischen Charakters der Menschenrechte und ihrer religiösen Wurzeln kein Widerspruch, da er sich ja gerade für die religiösen Wurzeln auch solcher „extrem rationalistischer Fanatismen" interessierte. Die Aufklärung als nur negative Beseitigung von Traditionsbeständen wäre laut Weber für die Intensivierung eines Glaubens immer zu schwach gewesen. In diesem Sinne nimmt Jellineks These Webers eigene Vorstellung von religiösen Wurzeln des rationalen kapitalistischen Geistes vorweg.

In anderen Zusammenhängen bezieht Weber die Menschenrechte auf die Expansion des Kapitalismus und die fortschreitende Bürokratisierung. Für ihn ist es klar, „dass jene Forderung formaler Rechtsgleichheit und ökonomischer Bewegungsfreiheit

---

[28] Max Weber, Wirtschaft und Gesellschaft, Tübingen 1922, 2.

sowohl der Zerstörung aller spezifischen Grundlagen patrimonialer und feudaler Rechtsordnungen zu Gunsten eines Kosmos von abstrakten Normen, also indirekt der Bürokratisierung, vorarbeiteten, andererseits in ganz spezifischer Art der Expansion des Kapitalismus entgegenkommen"[29]. Er zieht eine direkte Parallele zwischen seiner eigenen These, dass die „innerweltliche Askese" der Sekten die kapitalistische Gesinnung und den rational handelnden „Berufsmenschen" zeugte, und der Behauptung, dass „die Menschen- und Grundrechte die Vorbedingung für das freie Schalten des Verwertungsstrebens des Kapitals mit Sachgütern und Menschen" bot. In diesem Zusammenhang fällt tatsächlich das Wort von der charismatischen Verklärung der Vernunft als des Kerns der aufklärerischen Vorstellung, dass die Freiheit des Individuums „die relativ beste Welt" für alle ergeben müsse. Dieses Charisma der Vernunft sei „die letzte Form, welche das Charisma auf seinem schicksalsreichen Wege überhaupt angenommen hat". Dieser Satz ist allerdings zweideutig, da wir nicht wissen, ob Weber hier von der letzten bisherigen oder der letzten jemals auftauchenden Form sprechen wollte.

An dieser Stelle mag es so erscheinen, als habe Weber ein fast materialistisch-funktionalistisches Verständnis der Geschichte der Menschenrechte gehabt. Aber das Gegenteil trifft zu, wie sich insbesondere seinen Russland-Schriften entnehmen lässt.[30] Weber ist dort mit dem direkten Einfluss Jellineks auf führende liberale russische Politiker der Zeit (wie Peter Struve) konfrontiert, als es in einer kurzen Phase um 1905 so schien, die Idee der Menschenrechte in Russland könne die verschiedenen Flügel der rebellischen russischen Intelligenzija zusammenführen. Die russische politische Situation weckte Webers leidenschaftli-

---

[29] Weber, ebd., 817.

[30] Max Weber, Gesammelte politische Schriften, Tübingen 1980/1921, v. a. 33–111. Zu Webers Russland-Schriften vgl. Richard Pipes, Max Weber und Russland, in: Außenpolitik 6 (1955), 627–639; Gordon Wells/Peter Baehr, Editors' Introduction, Max Weber. The Russian Revolution, Ithaca/N. Y. 1995, 1–39; Wolfgang Mommsen, Einleitung, in: Max Weber, Zur Russischen Revolution von 1905, Tübingen 1989, 1–54. Zu Struve und Jellinek vgl. Richard Pipes, Struve. Liberal on the Left 1870–1905, Cambridge/Mass. 1970, v. a. 302 ff.

ches Interesse ebendeshalb, weil sie für ihn die Frage konkret
stellte, wie bürgerliche Freiheiten und verfassungsmäßig ver-
briefte Rechte unter modernen Bedingungen, das heißt in einer
Welt des fortgeschrittenen Kapitalismus und einer (mehr oder
minder) modernen Bürokratie, überhaupt neu errungen werden
können. Er glaubte nicht wie manche optimistische westliche
Liberale und spätere Modernisierungstheoretiker an eine spezi-
fische Affinität dieser modernen Bedingungen zu Demokratie
und Freiheit. Aber er unterzog die politischen und gesellschaftlichen Kräfte Russlands einer Analyse unter dem Gesichtspunkt,
von welcher Seite dennoch ein erfolgreicher Kampf gegen büro-
kratischen und gegen jakobinischen Zentralismus, gegen Auto-
ritarismus in der Arbeiterbewegung und für eine Ausbreitung
des modernen Individualismus geführt werden könne. Die russische Situation schien ihm insofern eine tragische zu sein, als
selbst ein Erfolg der liberalen Kräfte in den Wahlrechtskämpfen
durch die Stärkung der Bauernschaft zunächst die Entwicklung
in Richtung eines westlichen Individualismus eher behindern
und verlangsamen als fördern würde.

Sein Pessimismus bezog sich aber nicht nur auf Russland.
Nach Weber sind sowohl die ideellen wie die materiellen Voraussetzungen für den Glauben an die Menschenrechte weltweit
praktisch verschwunden. Religiöse Überzeugungen, wie sie
nach Jellinek am Anfang des politischen Individualismus der
Menschenrechte standen, können nach Weber wegen der Aufklärung, zumindest in ihrer vorliegenden Form, als Massen-
erscheinung nicht mehr aufkommen; und der „optimistische
Glaube an die natürliche Interessenharmonie der freien Individuen" sei „durch den Kapitalismus für immer zerstört". Der „spezifisch bürgerliche Individualismus" sei „innerhalb der Klassen
von ‚Bildung und Besitz' selbst bereits überwunden und wird
das ‚Kleinbürgertum' sicherlich nicht mehr erobern können".[31]

Die Frage nach der Zukunft der Menschenrechte unter den Bedingungen eines globalisierten Kapitalismus verschärft heute
noch einmal die Frage nach ihrer Entstehung. Wenn ein zukünf-
tiger Kapitalismus ohne den Glauben an die Menschenrechte für

---

[31] Weber, Gesammelte politische Schriften (s. o. Anm. 30), 42 f.

Weber vorstellbar war, wie haben wir uns dann den Zusammenhang zwischen der Entwicklung des Kapitalismus in der Vergangenheit und der Entstehung der Menschenrechte genauer zu denken? Wie hat Weber selbst diesen Zusammenhang gesehen, wenn er sowohl Jellineks These von den protestantischen Ursprüngen der Menschenrechte zustimmt wie der These von der Vertragsfreiheit als funktionaler Bedingung kapitalistischen Wirtschaftens? Zieht man Webers Rechtssoziologie heran, um eine Antwort zu finden, insbesondere den umfangreichen § 3 „Die Formen der Begründung subjektiver Rechte"[32], dann ist dort erstaunlicherweise von Jellinek, den Menschenrechten und den Freiheitsrechten überhaupt nur wenig, dafür fast ausschließlich von der Vertragsfreiheit die Rede. Für diese behauptet Weber eine viel längere Geschichte, als es die Geschichte von Jellineks Menschenrechten ist. Weber betont nicht nur, wie sehr auch vormoderne Gesellschaften den Vertrag schon kannten, so dass sich jedes einfache Modell sozialer Evolution nach dem Motto „from status to contract" leicht erledigt, sondern auch, wie sehr das Maß der Vertragsfreiheit „natürlich Funktion in erster Linie der Marktverbreiterung"[33] sei. Der vermeintliche Widerspruch in Webers Denken lässt sich wohl nur so auflösen, wie es die französische Weber-Expertin Cathérine Colliot-Thélène in einem ausgezeichneten Aufsatz[34] vorgeschlagen hat. Weber hat nach dieser Deutung im moralischen Individualismus des Protestantismus eine Möglichkeit gesehen, die Gesamtheit der subjektiven Rechte zu systematisieren; für die Bereitschaft, die Idee der Vertragsfreiheit in diese Systematik einzubringen, waren aber Bedingungen nötig, die selbst keineswegs Resultat dieses moralischen Individualismus waren. Die Geschichte der Vertragsfreiheit reicht dann vor die Entstehung der Menschenrechte zurück und hielte auch an, wenn die Epoche der Menschenrechte unwiderruflich ihrem

---

[32] Weber, Wirtschaft und Gesellschaft (s. o. Anm. 28), 412–455.

[33] Weber, Wirtschaft und Gesellschaft (s. o. Anm. 28), 413.

[34] Cathérine Colliot-Thélène, Les modes de justification des droits subjectifs, in: dies., Études wéberiennes. Rationalités, histoires, droits, Paris 2001, 259–278. Sie stützt sich dabei auf die gründliche Studienabschlussarbeit von Romain Melot, La Notion de droit subjectif dans l'œuvre de Max Weber (Mémoire de DEA, Université de Paris I Sorbonne), Paris 2000.

Ende zuginge. Wie Wolfgang Schluchter in seinem Aufsatz „Rechtssoziologie als empirische Geltungstheorie" herausarbeitet, bliebe das Recht von einer solchen Abkopplung vom moralischen Universalismus nicht unbeeinflusst; es würde gewiss seinen Charakter verändern, aber doch keineswegs im Sinne eines völligen Verschwindens derjenigen Dimensionen, die das marktbezogene Wirtschaften erfordert.[35]

Doch müssen wir wirklich die Zukunft in so düsterem Lichte sehen? So heilsam es ist, nicht leichtfertig auf die Gesichertheit der westlichen Kulturtradition zu vertrauen, so fragwürdig sind an dieser Stelle die verstreuten und bruchstückhaften Argumente Webers, mit denen er seine düstere Sicht begründet.

Neue Formen religiöser Überzeugung sind im 20. Jahrhundert sehr wohl entstanden. Inhärente Tendenzen der moralischen Urteilsbildung fördern universalistische moralische Orientierungen. Die Geschichte der Gewalt, der Entwürdigung des Menschen, hat mancherorts zu einem klareren Bewusstsein geführt, dass die Würde des Menschen unantastbar zu sein *hat*. Der Kapitalismus hat lange Phasen der Prosperität erlebt, und die Errichtung von Wohlfahrtsstaaten hat zwar nicht den Glauben an eine natürliche Interessenharmonie wiederbelebt, aber eine Möglichkeit aufgewiesen, divergierende Interessen auf friedliche und gerechte Weise zusammenzuführen. Die Bildungsexpansion hat neue Milieus entstehen lassen, in denen der Glaube an die Menschenrechte weit verbreitet ist. Und Weber hat das Ausmaß, in dem das Kleinbürgertum und der kreative Unternehmergeist sich auf dem Rückzug befänden, gewiss übertrieben. Weber bringt die These von den religiösen Wurzeln des modernen Individualismus und seine Gegenwartsdiagnose in der Gestalt einer Tragödie zusammen. Religiöse Kräfte führen nach dieser Konstruktion ein Regime herbei, das es ebendiesen Kräften verwehrt, lebendig zu bleiben.

Wenn aber Webers historische Voraussagen oder besser seine

---

[35] Wolfgang Schluchter, Rechtssoziologie als empirische Geltungstheorie, in: ders., Individualismus, Verantwortungsethik und Vielfalt, Weilerswist 2000, 59 – 85.

soziologischen Annahmen über die Zukunft sich nach dem Ende des 20. Jahrhunderts als keineswegs zwingend erweisen, dann muss vielleicht die Beziehung zwischen unserer Zeit und der Entstehung des Glaubens an Menschenrechte und Menschenwürde keine tragische sein. Diese Beziehung als kontingent zu betrachten eröffnet dann größeren Raum für historische Komplexität und lässt eher Hoffnung zu. Ich glaube in der Tat, dass wir die Jellinek-These, soweit sie bestätigt ist, aus Webers Rahmen herauslösen sollten. Weber nahm an, dass die einzige Alternative zum Kulturprotestantismus mit seinem manchmal seichten evolutionistischen Zukunftsoptimismus ein heroischer Pessimismus der Verteidigung des liberalen Individualismus gegen die ihn bedrohenden Tendenzen und ein schroffes kierkegaardsches „Entweder-oder" der Wahl zwischen Werten sei. Von Troeltsch dagegen können wir lernen, dass auch eine andere Sicht auf die mögliche Rolle des Christentums in der Moderne möglich ist. Zu denken ist an produktive Neuinterpretationen und kreative Fortführungen der jüdisch-christlichen Tradition, neue Erfahrungsgrundlagen für den Glauben an individualistische Werte und neue religiöse Organisationsstrukturen, in denen Züge der Kirchen, der Sekten und individueller Spiritualität miteinander verknüpft werden. Dies ergäbe eine Stärkung des Christentums als einer Stütze der Sakralität jeder Person gegen die entpersönlichenden Kräfte der Moderne. Dann hätten wir es weder mit dem allzu leichten Kompromiss zwischen Religion und Moderne zu tun wie im Kulturprotestantismus noch mit einer antithetischen Opposition wie bei Weber und, mit umgekehrtem Vorzeichen, lange Zeit in großen Teilen des Katholizismus.

Die Befreiung der Jellinek-These aus Webers Rahmen erlaubt es uns auch, den Glauben an die Menschenrechte nicht im Sinne einer Sakralisierung oder Charismatisierung der Vernunft aufzufassen. Die Vernunft zu sakralisieren betrifft nur einen Aspekt menschlicher Wesen und betrifft nicht alle Menschen in gleicher Weise. Doch der Glaube an Menschenwürde und Menschenrechte betrifft uns alle und uns alle in gleichem Maße. Er sakralisiert das Kind und den Greis, den Intelligenten und den geistig Behinderten. Wenn wir vom „Charisma der Vernunft" sprechen, leitet dies unsere Aufmerksamkeit fehl – in der Richtung von Jakobinismus und Bolschewismus, zweier politischer Weltanschauungen, deren Menschenrechts-Register nicht besonders ruhmvoll ist. Der Glaube an die Menschenrechte beruht vielmehr auf einer Sakralisierung jedes Individuums; er ist inspiriert, wie ich behaupten möchte, von einer „Sakralisierung" oder einem „Charisma der Person". Gewiss wurde im 18. Jahrhundert dieses Charisma der Person – etwa bei Jefferson und Kant – im Rahmen rationalistischer Überzeugungen artikuliert; heute aber können und müssen wir diese beiden Komponenten deutlicher voneinander unterscheiden. Der historische Prozess der Entpersönlichung des Charismas kann zu einer Charismatisierung der Person führen.

Und was folgt aus diesen Überlegungen für die Frage, ob es ein „Weber-Paradigma" gibt? Gewiss zeigen die vorgetragenen Überlegungen einen großen Abstand zu jeder „Weber-Orthodoxie". Max Weber sollte überhaupt nicht als der Solitär behandelt werden, wie dies in der Soziologie und vor allem außerhalb des deutschen Sprachkreises häufig geschieht. Wenn wir ihn im Geflecht seiner deutschen und nichtdeutschen Zeitgenossen sehen, dann wird Weber wahrnehmbar als eine – und vielleicht die imponierendste – Gestalt im Übergang vom deutschen Historismus des 19. Jahrhunderts zu den modernen Sozialwissenschaften – Sozialwissenschaften allerdings, die sich der Behandlung normativer Fragen keineswegs entziehen, die der Gegenwartsanalyse historische Tiefe verleihen und die in universal-vergleichender Perspektive interdisziplinär vorgehen. Wenn eine solche Sozialwissenschaft mit der Berufung auf Max Weber gemeint ist, dann kann der Name „Weber-Paradigma" sehr gut zu ihrer Kennzeichnung dienen.

Literaturverzeichnis

Bendix, Reinhard/Roth, Günther, Scholarship and Partisanship, Berkeley 1971.
Boutmy, Émile, Die Erklärung der Menschen- und Bürgerrechte und Georg Jellinek (1902), in: Roman Schnur (Hg.), Zur Geschichte der Erklärung der Menschenrechte, Darmstadt 1964, 78–112.

Breuer, Stefan, Das Charisma der Vernunft, in: Winfried Gebhardt/ Arnold Zingerle/Michael Ebertz (Hgg.), Charisma, Berlin 1993, 154–184.

Breuer, Stefan, Georg Jellinek und Max Weber. Von der sozialen zur soziologischen Staatslehre, Baden-Baden 1999.

Brugger, Winfried, Menschenrechtsethos und Verantwortungspolitik. Max Webers Beitrag zur Analyse und Begründung der Menschenrechte, Freiburg 1980.

Brugger, Winfried, Sozialwissenschaftliche Analyse und menschenrechtliches Begründungsdenken. Eine Skizze im Anschluss an Max Webers Werk, in: Rechtstheorie 11 (1980), 356–377.

Colliot-Thélène, Cathérine, Les modes de justification des droits subjectifs, in: dies., Études wéberiennes. Rationalités, histoires, droits, Paris 2001, 259–278.

Gauchet, Marcel, Die Erklärung der Menschenrechte. Die Debatte um die bürgerlichen Freiheiten 1789, Reinbek 1991/1989.

Gephart, Werner, Gesellschaftstheorie und Recht. Das Recht im soziologischen Diskurs der Moderne, Frankfurt a. M. 1993.

Graf, Friedrich Wilhelm, Puritanische Sektenfreiheit versus lutherische Volkskirche. Zum Einfluss Georg Jellineks auf religionsdiagnostische Deutungsmuster Max Webers und Ernst Troeltschs, in: Zeitschrift für neuere Theologiegeschichte 9 (2002), 42–69.

Grimm, Dieter, Europäisches Naturrecht und amerikanische Revolution, in: ius commune. Veröffentlichungen des Max-Planck-Instituts für Europäische Rechtsgeschichte 3 (1970), 120–151.

Hall, Timothy L., Separating Church and State. Roger Williams and Religious Liberty, Chicago 1998.

Hofmann, Hasso, Zur Herkunft der Menschenrechtserklärungen, in: JuS 28 (1988), 841–848.

Hübinger, Gangolf, Staatstheorie und Politik als Wissenschaft im Kaiserreich: Georg Jellinek, Otto Hintze, Max Weber, in: Hans Maier u. a. (Hgg.), Politik, Philosophie, Praxis. Festschrift für Wilhelm Hennis, Stuttgart 1988, 143–161.

Hübinger, Gangolf, Einleitung, in: Ernst Troeltsch, Schriften zur Politik und Kulturphilosophie (1918–23), Berlin 2002, 1–42.

Jellinek, Georg, Die Erklärung der Menschen- und Bürgerrechte. Ein Beitrag zur modernen Verfassungsgeschichte, München – Leipzig 1895/1919.

Jellinek, Georg, Entgegnung auf Émile Boutmy, in: Roman Schnur (Hg.), Zur Geschichte der Erklärung der Menschenrechte, Darmstadt 1902/1964, 113–128.

Joas, Hans, Die Kreativität des Handelns, Frankfurt a. M. 1992.

Joas, Hans, Die Entstehung der Werte, Frankfurt a. M. 1997.

Kersten, Jens, Georg Jellinek und die klassische Staatslehre, Tübingen 2000.

König, Matthias, Menschenrechte bei Durkheim und Weber, Frankfurt a. M. 2002.

Mann, Thomas, Naturrecht und Humanität, in: Frankfurter Zeitung vom 25. 12. 1923, und in: ders., Aufsätze, Reden, Essays, Bd. 3, Berlin 1986, 428–431.

Meinecke, Friedrich, Die Idee der Staatsräson, München 1924/1957.

Melot, Romain, La Notion de droit subjectif dans l'œuvre de Max Weber, Mémoire de DEA, Université de Paris I Sorbonne 2000.

Mommsen, Wolfgang, Einleitung, in: Max Weber, Zur Russischen Revolution von 1905, Tübingen 1989, 1–54.

Nelson, Benjamin, Max Weber, Ernst Troeltsch, Georg Jellinek as Comparative Historical Sociologists, in: Sociological Analysis 36 (1975), 229–240.

Ouédraogo, Jean Martin, Sociologie religieuse et modernité politique chez Max Weber, in: Revue européenne des sciences sociales 34 (1996), 25–49.

Pipes, Richard, Max Weber und Russland, in: Außenpolitik 6 (1955), 627–639.

Pipes, Richard, Struve. Liberal on the Left 1870–1905, Cambridge 1970.

Ritter, Gerhard, Wesen und Wandlungen der Freiheitsidee im politischen Denken der Neuzeit, in: ders., Vom sittlichen Problem der Macht, Bern 1948, 105–138.

Roth, Günther, Politische Herrschaft und persönliche Freiheit, Heidelberg 1987.

Schluchter, Wolfgang, Rechtssoziologie als empirische Geltungstheorie, in: ders., Individualismus, Verantwortungsethik und Vielfalt, Weilerswist 2000, 59–85.

Schmale, Wolfgang, Archäologie der Grund- und Menschenrechte in der Frühen Neuzeit, München 1997.

Stackhouse, Max, Creeds, Society, and Human Rights, Grand Rapids/ Mich. 1984.

Strauss, Leo, Naturrecht und Geschichte, Frankfurt a. M. 1956/1977.

Tétaz, Jean-Marc, Identité culturelle et réflexion critique. Le problème de l'universalité des droits de l'homme aux prises avec l'affirmation culturaliste. La stratégie argumentative d'Ernst Troeltsch, in: Études théologiques et religieuses 74 (1999), 213–233.

Touraine, Alain, Critique de la modernité, Paris 1992.

Troeltsch, Ernst, Rezension von Jellineks „Ausgewählte Schriften und Reden", in: Zeitschrift für das Privat- und öffentliche Recht in der Gegenwart 39 (1912), 273–278.

Troeltsch, Ernst, Die Soziallehren der christlichen Kirchen und Gruppen, Tübingen 1912.

Troeltsch, Ernst, Naturrecht und Humanität in der Weltpolitik, in: ders., Schriften zur Politik und Kulturphilosophie (1918–23), Berlin 1923. Auch abgedruckt in: ders., Kritische Gesamtausgabe, Bd. 15, Berlin – New York 2002, 493–512.

Vögele, Wolfgang, Menschenwürde zwischen Recht und Theologie. Begründungen von Menschenrechten in der Perspektive öffentlicher Theologie, Gütersloh 2000.

Weber, Marianne, Max Weber. Ein Lebensbild, Heidelberg 1950.

Weber, Max, Wirtschaft und Gesellschaft, Tübingen 1922.

Weber, Max, Gesammelte politische Schriften, Tübingen 1980/1921.

Wells, Gordon/Baehr, Peter, Editors' Introduction, in: dies. (Hgg.), Max Weber. The Russian Revolution, Ithaca/N. Y. 1995, 1–39.

Thomas M. Schmidt

Postsäkulare Theologie des Rechts

Eine Kritik der „radikalen Orthodoxie"

1. Moderne und Säkularismus

Religion und Wissenschaft werden häufig als konkurrierende
Institutionen betrachtet, als rivalisierende Organisationsweisen
für die Herstellung und Begründung von Überzeugungen. Während die eine Methode anscheinend ausschließlich auf rationa-
lem Diskurs und logischer Argumentation beruht, scheint die
andere vollständig auf gehorsamem Vertrauen gegenüber tradi-
tionalen Autoritäten zu gründen. In seiner Friedenspreisrede[1]
hat Jürgen Habermas allerdings darauf aufmerksam gemacht,
dass uns die Anschläge vom 11. September 2001 auch gelehrt
haben, die Spannung zwischen Religion und säkularer Vernunft
in einem neuen Licht zu sehen. Sowohl das progressiv-optimis-
tische Verständnis von Säkularisierung als linearem Fortschritt
als auch das konservativ-pessimistische Modell von Säkularisierung als Enteignung und räuberische Aneignung religiöser
Ideen und Symbole werden der Realität einer postsäkularen Gesellschaft nicht mehr gerecht. Beide Interpretationen begehen
nämlich den Fehler, Säkularisierung als eine Art Nullsummen-
spiel zwischen den produktiven Kräften von Wissenschaft und
Technik und den beharrenden Kräften von Religion und Kirche
zu verstehen. Dieses Bild passt laut Habermas nicht mehr zu einer gesellschaftlichen Wirklichkeit, in der religiöse Gemein-
schaften inmitten eines säkularen Milieus fortbestehen.

Die Friedenspreisrede erscheint vielen als eine Selbstkorrektur
früherer Positionen von Habermas, die stärker von einer internen
Verknüpfung zwischen Moderne und Säkularisierung auszuge-
hen schienen. In seiner „Theorie des kommunikativen Handelns"

---

[1] Jürgen Habermas, Glauben und Wissen, Frankfurt a. M. 2001.

hatte Habermas in der Tat in Anknüpfung an Weber und Durkheim den Prozess der Säkularisierung als Versprachlichung der Bindungskräfte des Sakralen beschrieben und damit als Grundvoraussetzung für die Entstehung einer modernen, rational organisierten und legitimierten Gesellschaft. Erst die kommunikative Verflüssigung des in vormodernen Gesellschaften religiös gestifteten Grundkonsenses führe zu einer „Umstellung der kulturellen Reproduktion, sozialen Integration und Sozialisation von Grundlagen des Sakralen auf sprachliche Kommunikation und verständigungsorientiertes Handeln"[2]. Ich lasse es hier dahingestellt, ob jene jüngeren Äußerungen im Rahmen seines philosophischen Ansatzes Zäsur oder konsequente Weiterentwicklung darstellen. Die Äußerungen passen jedenfalls in das Bild einer zunehmenden Abwendung, die Habermas von einem stark sozialevolutionistischen Modell der Moderne als linearer Rationalisierung und Säkularisierung hin zu einer schwach skeptischen und agnostischen Haltung gegenüber der Religion vollzieht. Sie korrespondiert durchaus mit intern theoretischen Fortentwicklungen seines soziologischen und philosophischen Begriffs der Moderne und ist nicht von außen durch politische Ereignisse induziert.

Mich interessiert im Folgenden aber eine andere Frage, die Habermas' Begriff der postsäkularen Gesellschaft aufwirft. Wenn gesellschaftliche Modernisierung mit Säkularisierung gleichgesetzt wird, erlaubt dann die Rede von einer postsäkularen Gesellschaft den Umkehrschluss, dass eine solche Gesellschaft als postmodern angesehen werden muss? Was bedeutete eine solche postmoderne Verfassung der Gesellschaft dann für Religion und Theologie, die sich im Horizont der postsäkularen Gesellschaft neu zu positionieren suchen? Ich möchte im Folgenden versuchen, einen Beitrag zur Klärung des Begriffs der postsäkularen Gesellschaft und seiner religionsphilosophisch-theologischen Interpretation zu leisten. Dabei beziehe ich mich vor allem auf die von John Milbank[3] und seinen Mitstreitern

---

[2] Jürgen Habermas, Theorie des kommunikativen Handelns, Bd. 2, Frankfurt a. M. 1981, 163.

[3] John Milbank, Theology and Social Theory: Beyond Secular Reason, Oxford 1990; ders., The Word Made Strange. Theology, Language, Culture, Oxford 1997.

Catherine Pickstock und Graham Ward vertretene Richtung der „radical Orthodoxy"[4], die in dezidiert politischer und modernitätskritischer Weise eine Identifikation von Postmoderne und Religion vornimmt.

2. Postsäkularismus und Postmoderne

Um zu entscheiden, ob die postsäkulare Gesellschaft sinnvollerweise als nachmoderne Gesellschaft zu verstehen ist, erscheint hilfreich, zunächst zwischen der Postmoderne als einem gesellschaftlichen Zustand (2.1) und einem philosophischen Programm (2.2) zu unterscheiden. Postmoderne als gesellschaftlicher Zustand lässt sich dabei vielleicht am besten durch die Stichworte „Virtualisierung" und „radikalisierter Pluralismus" beschreiben.

2.1 Postmoderne als gesellschaftlicher Zustand

2.1.1 Virtualisierung

Postmoderne als gesellschaftlicher Zustand ist in den einschlägigen Arbeiten von Fredric Jameson[5] und David Harvey[6] als Entwicklung zu einem avancierten Hyper-Kapitalismus beschrieben worden. Jameson und Harvey haben vor allem Phänomene der 90er Jahre, die Auswüchse des so genannten Casino-Kapitalismus, im Auge. Hier löst sich nicht nur die Sphäre der Geldzirkulation von der Ebene der Warenproduktion ab, sondern der Fluss des Kapitals selbst wird virtuell. Der Cyberspace-Kapitalismus, in dem nichts mehr hergestellt, aber alles vermarktet wird, erscheint dabei nur als Symptom einer generellen Virtualisierung sozialer Beziehungen und menschlicher Kommunikation überhaupt. Beziehungen zu anderen Personen, zur Natur und zum eigenen Selbst werden virtuell. Räumlichkeit

---

[4] John Milbank/Catherine Pickstock/Graham Ward (Hgg.), Radical Orthodoxy. A new theology, London – New York 1999.

[5] Fredric Jameson, Postmodernism, or, The Cultural Logic of Late Capitalism, Durham 1991.

[6] David Harvey, The Conditions of Postmodernity: An Enquiry into the Origins of Cultural Change, Oxford 1989.

und lineare Distanzen werden aufgelöst und durch den Schein der totalen Verfügbarkeit und Präsenz ersetzt. Diese Tendenzen können insofern als postmoderne Entwicklungen gedeutet werden, als sie die klassische moderne Vorstellung eines geschlossenen sozialen und ökonomischen Raumes, der durch koordiniertes politisches und technisches Handeln beherrscht und gestaltet werden kann, transzendieren. Das Eintauchen in die mediale Welt des Hyperspace eröffnet einen Erfahrungsraum, in dem die Individuen nicht mehr an Körper, Ort und Geschichte gebunden sind. Diese Erfahrungen besitzen insofern postsäkularen, das heißt quasireligiösen Charakter, als sie die reale Erfahrung einer Wirklichkeit repräsentieren, welche die leiblichen und temporalen Grenzen endlicher Subjektivität übersteigt.

2.1.2 Postmoderne als radikalisierter Pluralismus

Etwas gemäßigter erscheint die Ansicht, die unter der „postmodernen Bedingung" einen radikalisierten Pluralismus oder Multikulturalismus versteht. Nach diesem Verständnis löst sich in der Postmoderne die kulturelle Homogenität der westlichbürgerlichen Gesellschaft auf. Unter dieser Voraussetzung können sich auch religiöse Stimmen wieder Gehör verschaffen. Neben die klassischen liberalen Forderungen nach Freiheit und Gleichheit der Individuen tritt unter multikulturellen Bedingungen die Forderung nach Anerkennung ihrer kulturellen Identität; neben der rechtlichen Garantie der Autonomie des Individuums und der Neutralität des Staates wird die Gewährleistung kultureller Differenz von Gruppen innerhalb der Gesellschaft gefordert. Vor dem Hintergrund dieser Verschiebungen im normativen Selbstverständnis moderner Gesellschaften finden die aktuellen Auseinandersetzungen um die politische Rolle der Religion und die öffentliche Bedeutung ihrer Symbole ihren Platz. Versteht man unter Postmoderne diese gesellschaftliche Situation, dann ist sie postsäkular in dem Sinne, dass sie erweiterte gesellschaftliche Spielräume für religiöse Ausdrucksgestalten – gerade auch jenseits ihrer etablierten, traditionell kirchlichen Form – eröffnet. Die zunehmende öffentliche Sichtbarkeit des Islam, aber auch des Buddhismus und neuer religiöser Bewegungen sind hierfür ein deutliches Beispiel.

Virtualisierung und kulturelle Pluralisierung sind Symptome, die es nahe legen, postmoderne Entwicklungen als Entstehungsbedingungen einer postsäkularen Gesellschaft zu interpretieren. Die Verbindung der Konzepte von Postmoderne und Postsäkularismus gewinnt in dieser Perspektive eine gewisse Plausibilität. Anders stellt sich die Sachlage jedoch dar, wenn Postmoderne als ausdrücklich philosophisches Programm verstanden wird. Dann erscheint es kontraintuitiv, die postsäkulare Idee einer Wiederkehr der Religion mit dem dezidierten Agnostizismus oder gar Nihilismus der philosophischen Postmoderne zu verknüpfen.

2.2 Postmoderne als philosophisches Programm

Postmoderne als philosophisches Programm erscheint als Vollendung oder mindestens konsequente Weiterentwicklung einer metaphysik- und theologiekritischen Säkularisierungsbewegung. In der Tradition Heideggers sehen zahlreiche postmoderne Philosophen gerade in der „onto-theologischen" Verfasstheit der abendländischen Metaphysik die Wurzel für den überrationalen Identitätszwang des Logozentrismus. Autoren wie Jean-Luc Marion[7] folgen zudem ausdrücklich der Grundeinsicht Nietzsches, wonach der Tod Gottes als ein unvermeidliches Ereignis der westlichen Kultur den Höhepunkt und Abschluss der Erosion abendländischer Metaphysik darstellt. Da Gott als Metonym für absolute Wahrheit und absolute Vernunft anzusehen ist, markiert der Tod des metaphysischen Gottes der Philosophen das prinzipielle Ende philosophischen Fundierungsdenkens in Gestalt erkenntnistheoretischer und moralischer Letztbegründung. An die Stelle eines im Begriff des allerrealsten und notwendigen Wesens gipfelnden metaphysischen Gebäudes fundamentaler Kategorien tritt nach Nietzsche der Perspektivismus und Subjektivismus der für die jeweiligen Akteure nützlichen und lebenssteigernden Interpretation. Nach dem Tode Got-

---

[7] Jean-Luc Marion, Metaphysics and Phenomenology: A Summary for Theologians, in: Graham Ward (Hg.), The Postmodern God. A Theological Reader, Oxford 1997, 279–296, bes. 282 f.

tes erscheint religiöser Glaube daher nur noch als pragmatische Als-ob-Religiosität zweiter Ordnung[8] möglich, jedoch nicht mehr im ontologisch fundierten Modus absoluter kosmologischer und anthropologischer Wahrheiten.

Die postmoderne Kritik an der modernen Idee einer einheitlichen und universalen Vernunft erscheint einigen Philosophen[9] und Theologen attraktiv, besonders den Vertretern der „radical Orthodoxy". Sie betonen, dass mit dem Ende der Moderne zugleich die Idee eines einzigen Systems der Wahrheit, das uns auf der Basis eines universalen Begriffs der Vernunft ein einheitliches Verständnis einer gemeinsamen Wirklichkeit ermöglicht, an ihr Ende gekommen sei. Dies habe für die Theologie den angenehmen Effekt, dass sie sich nicht länger an säkularen Standards wissenschaftlicher Wahrheit und normativer Rationalität messen lasse müsse. In der Postmoderne gebe es unendlich viele mögliche Versionen der Wahrheit, die untrennbar mit partikularen Erzählungen verknüpft seien. Objekte und Subjekte sind nur gegeben und bestimmt im Horizont einer Rahmenerzählung. Außerhalb des „Plots", der seine einzigartige, nicht weiter begründete und abgeleitete Logik besitzt, kann nicht bestimmt werden, welches die Objekte und Subjekte eines Diskurses wären. Wenn aber Subjekte und Objekte nur durch die komplexen internen Beziehungen eines narrativ gestifteten Rahmens bestimmt werden, dann ist weder eine metaphysische Objektivität – wie in der Vormoderne – noch – wie in der klassischen Moderne – das metaphysische Subjekt privilegiert. Postmoderne Theologie sei daher nicht ernsthaft herausgefordert und gefährdet durch die Großerzählungen der Moderne, die beanspruchen, eine allgemeine und fundamentale Geschichte von der Genese des modernen Subjekts zu erzählen, wie etwa die Psychoanalyse, der Marxismus oder die Religionssoziologie. Marx, Freud und die anderen Meister des Verdachts gegenüber der Religion werden in dieser Perspektive selbst zu Opfern eines Metaverdachts, da sich ihre Großerzählungen auf demselben Niveau bewegen wie alle anderen Narrative, das der Religion ein-

---

[8] So etwa Gianni Vattimo, Credere di credere, Milano 1996.
[9] Vgl. die Beiträge in Ward, Postmodern God (s. o. Anm. 7).

geschlossen. Aus diesem Grund könne die christliche Logik durch moderne säkulare Vernunft nicht zerstört werden. Die Überwindung der modernen Vernunftkonzeption durch die philosophische Postmoderne führt nach dieser Auffassung also zu einer Befreiung der Theologie aus der Babylonischen Gefangenschaft der säkularen Vernunft.

3. Radikale Orthodoxie als postsäkulare Theologie

3.1 Kritik der liberalen Theologie

Autoren wie John Milbank fordern ein Ende der falschen Bescheidenheit der Theologie, die sich den Rationalitätskriterien der Moderne angepasst und unterworfen habe. Diese falsche Bescheidenheit zeige sich besonders in gesellschaftstheoretischer Hinsicht, also hinsichtlich der Frage, wie Theologie Gesellschaft begreift und ihre Rolle in dieser Gesellschaft wahrnimmt. Gerade in ihrer gesellschaftstheoretischen Reflexion dürfe sich die Theologie ihre Themen, Begriffe und Methoden nicht von der säkularen Soziologie vorgeben lassen, sondern müsse sich selbstbewusst als der eigentliche Metadiskurs etablieren, in dem die säkulare Gesellschaft angemessen reflektiert werden könne. Die falsche Bescheidenheit der modernen Theologie bestehe darin, sich neben den Einzelwissenschaften unter dem gemeinsamen Dach eines modernen Rationalitäts- und Wissenschaftsverständnisses einzurichten. Die kritiklose Unterwerfung der modernen Theologie unter den Maßstab der säkularen Vernunft erweise sich gerade in gesellschaftstheoretischer Hinsicht als besonders fatal. Die moderne Theologie akzeptiere nämlich das normative Ideal des liberalen, säkularen Rechtsstaates, indem sie auf eine Überwindung des Gegensatzes von moderner Welt und religiösem Glauben, von Bibel und Aufklärung zielt. So begreift etwa die gesellschaftskritische politische Theologie von Johann Baptist Metz[10] die Moderne als Verwirklichung bib-

---

[10] Johann Baptist Metz, Zum Begriff der neuen Politischen Theologie. 1967–1997, Mainz 1997.

lischer Ideale. Dabei bleibt die Bibel für die kritische politische Theologie eine dauerhafte und unüberbietbare Inspirationsquelle der Kritik an einer halbierten Aufklärung, an der unvollständigen Verwirklichung der modernen Ideale von Freiheit, Gerechtigkeit und vernünftiger Selbstbestimmung. Diese Art von moderner politischer Theologie erscheint nach Milbank als eine bloße immanente Variante säkularer Theorie. Er bestätigt damit das Selbstverständnis der modernern Theologie, die den Anschluss von Religion an säkulare Politik und Kultur sucht. Christliche Theologie verwirklicht sich nach dieser Auffassung in Gestalt einer säkularen Theorie der Gesellschaft, in Form einer autonomen Theorie der Moral und des Rechts im Horizont der Theologie. Nach Auffassung einer kritischen politischen Theologie speist sich die Idee des weltanschaulich neutralen modernen Rechtsstaats aus der recht verstandenen, der kritisch-prophetischen Tradition der Bibel. Die biblische Tradition verwirklicht sich in Gestalt der Aufklärung.

Diese Aneignung säkularer und aufklärerischer Motive durch eine moderne Theologie wird von Milbank besonders vehement kritisiert. Eine solche Auffassung erlaube der Theologie nur eine passive Reaktion auf die säkulare Moderne und verleugne vollständig die theologischen Voraussetzungen, ohne die sich ein unabhängiger säkularer Diskurs und Rechtsraum niemals hätte etablieren können. In minutiösen Studien analysiert Milbank, wie gerade der theologische Diskurs im späten Mittelalter und in der frühen Neuzeit zur theoretischen Konstitution eines säkularen gesellschaftlichen Raumes geführt hat. Milbank macht auf die herausragende Rolle aufmerksam, die eine neue biblische Hermeneutik gerade bei den Klassikern der modernen politischen Philosophie, etwa in Hobbes' „Leviathan" oder in Spinozas „Theologisch-Politischem Traktat", gespielt hat. Die Konstitution der Grundbegriffe der modernen politischen Theorie setzte eine bestimmte interne Entwicklung der Theologie voraus. Milbank hat hier vor allem die nominalistischen Tendenzen in der spätmittelalterlichen Theologie der Franziskaner im Blick, die nach seiner Auffassung einen eminenten Beitrag zur Entstehung der neuen, formalen Wissenschaft des Politischen und damit zur Konstitution säkularer Politik geleistet haben.

Denn es ist der in diesem theologischen Kontext entwickelte Begriff des individuellen freien Willens als einer unbeschränkten Verfügungsmacht des Handelnden, der den Boden für den modernen Begriff der Souveränität als reiner Macht bereitet. Zudem verliert im Anschluss an Duns Scotus die Trinitätslehre ihre ausgezeichnete Funktion als begrifflicher Rahmen, in dem das Verhältnis von Gott und Welt im Allgemeinen, von Gott und Mensch im Besonderen behandelt wird. An ihre Stelle tritt die Vorstellung von der „Potentia absoluta" Gottes. Allmacht, nicht partizipatorische Liebe wird damit zum ausgezeichneten Attribut Gottes und zum Paradigma des Verhältnisses zu anderen. Das Verhältnis von Gott und Mensch wird so als ein formales Verhältnis des Besitzrechts interpretiert: Der Mensch ist Eigentum, nicht Geschöpf Gottes. Dies spiegelt sich in einer neuen Interpretation des Verhältnisses von Mensch und Welt. Die von Adam bearbeitete Welt wird zu seinem Besitz, Welt wird zur Sache, zum Material einer formal verstandenen Macht, einer sich durch Arbeit und Herrschaft realisierenden Verfügungsgewalt des einzelnen freien Willens. Diese Umstellungen in den theologischen Grundkategorien eröffnen so erst den begrifflichen Raum für den Eigentums- und Arbeitsbegriff der frühbürgerlichen politischen Philosophie. Dies zeige sich besonders an der Zentraldisziplin der bürgerlichen Gesellschaftstheorie, der politischen Ökonomie. Sie ist laut Milbank nur zu verstehen als eine transformierte theologische Disziplin.

3.2 Kritik der liberalen politischen Theorie

Die moderne liberale Auffassung des Politischen hatte die Frage zu beantworten, wie politische Macht, wenn sie rein formal verstanden wird, das soziale Leben effektiv regulieren könne. Es muss eine Macht identifiziert werden können, die zwar formalen Charakter besitzt, jedoch in der Lage ist, menschliche Handlungen, die nicht mehr durch gemeinsame Tugenden und Werte aufeinander bezogen sind, effektiv zu koordinieren. Der klassische Liberalismus findet im Mechanismus des freien Marktes jene gesuchte formale Macht der Regulierung und Koordinierung menschlicher Antriebe und Bedürfnisse. Die Grundfrage der politischen Ökonomie lautet daher, wie marktförmiges Handeln, das auf den privaten Interessen der Einzelnen beruht, soziale Kohäsion herstellen kann, wie die privaten Laster öffentliche Tugenden und Gemeinwohl hervorbringen können. Die Lösung des Problems konnte Milbank zufolge nur eine theologische sein. Die Idee der unsichtbaren Hand, die in einer individualistischen und hochkompetitiven Gesellschaft letztlich Harmonie und sozialen Zusammenhalt hervorbringt, muss nach Milbank als Theodizee der modernen Gesellschaft verstanden werden. Eine bestimmte Version natürlicher Theologie liefert die narrative Rechtfertigung der modernen Marktgesellschaft, zu der die moderne, rein formale Wissenschaft des Politischen nicht imstande war.

Das generelle Fazit der begriffs- und theoriegeschichtlichen Analysen Milbanks lautet, dass Säkularisierung keine interne Logik der gesellschaftlichen Entwicklung darstellt, die es gleichsam ans Licht zu heben gelte. Der säkulare politische und rechtliche Raum der modernen Welt ist ein hergestellter, kein vorgefundener. Die Sphäre des Säkularen wird nicht entdeckt, sondern durch die Großerzählung der modernen Soziologie gestiftet, in deren Strom sich auch die moderne Theologie eingeordnet habe. Da die säkulare Sphäre maßgeblich durch die rhetorischen Mittel einer sich auf Welt und Gesellschaft beziehenden Theologie gestiftet wurde, steht es in der souveränen Kompetenz der Theologie, mit den ihr zur Verfügung stehenden narrativen und rhetorischen Mitteln einen *post*säkularen Raum des Politischen zu etablieren.

In der Aufdeckung der Beteiligung der modernen Theologie an der Konstitution der säkularen Interpretation des Politischen liegt zugleich der Grund ihrer Verurteilung durch Milbank. In falscher Bescheidenheit und vorauseilend gehorsamer Anpassung an den soziologischen Zeitgeist habe sich die moderne Theologie zum Komplizen der homogenisierenden Gewalt des modernen liberalen Rechts gemacht. Der liberale Begriff des Rechtsstaats, der die formale Legitimation der Autorität des Staates in dessen Aufgabe sieht, die persönliche Sicherheit und individuelle Freiheit zu garantieren, erfordert nach Milbank zugleich, diesem Staat eine unbeschränkte und absolute Macht zu geben, die durch keine substantielle ethische oder religiöse Instanz mehr gebändigt werden könne. Es ist die geschilderte nominalistische Selbsttransformation der Theologie, die diesen Begriff formaler individueller Rechtstitel und -beziehungen erst möglich gemacht hat. Die moderne Theologie hat sich also maßgeblich daran beteiligt, den säkularen Raum als eine Sphäre der reinen Macht zu etablieren. Die formale Leere individualistisch gedachter Rechte steht aber ständig in der Gefahr, zu einer Vergötzung der absoluten Macht des Staates zu werden, der allein unter säkularen Bedingungen den formalen Rechtsansprüchen einen substantiellen Inhalt aufzwingen kann.

Postmoderne Begriffe und Perspektiven bieten Milbank die Basis für eine Kritik der Genese der modernen säkularen Theorie der Politik und der vermeintlichen Verstrickung der modernen Theologie in diese Genese des Säkularismus. Inwieweit kann sich eine postsäkulare Theologie aber in *konstruktiver* Absicht auf die philosophische Postmoderne berufen? Einer solchen Berufung scheint doch der dezidierte Nihilismus dieser Position entgegenzustehen.

4. Postsäkulare Theologie als Kritik der Postmoderne

4.1 Postmoderner Neo-Augustinismus

Die postsäkulare Theologie der radikalen Orthodoxie stützt sich auf die postmoderne Kritik am Universalismus klassischer moderner Vernunftauffassungen. Zugleich wendet sie sich aber ausdrücklich gegen die nihilistischen Wurzeln der postmodernen Philosophie. Gerade dieser nihilistische Charakter zeige, dass das postmoderne philosophische Programm letztlich nur durch die Theologie vollendet werden könne. Die nihilistische Version der Postmoderne stehe nämlich noch in zu starker Kontinuität mit dem liberalen Grundgedanken eines homogenen politischen und historischen Raumes. So ersetzt der Dekonstruktivismus zwar das metaphysische Reich eines homogenen Raumes fixierter logischer Relationen durch die Vorstellung eines zeitlichen Flusses mehrdeutiger Zeichen, deren Bedeutung nie vollständig fixiert und erschöpft werden kann; die nihilistische Version dieser Bewegung geht Milbank aber nicht weit genug. In seinen Augen verdinglicht sie die ursprüngliche Idee eines zeitlichen Flusses wiederum in Gestalt eines permanenten Kampfes, der nur durch vorübergehende institutionelle Arrangements neutralisiert, aber nie wirklich überwunden und versöhnt werden könne. In diesem Sinn verharrt der postmoderne Nihilismus in einer Kontinuität mit den politischen Ideen des Liberalismus und der Aufklärung. Daher könne nur die Theologie die Metaphysikkritik des Dekonstruktivismus vollenden, nur Theologie im Sinne der radikalen Orthodoxie könne Metaphysik vollständig überwinden.

Das neuplatonisch-augustinische Konzept der Partizipation bildet den methodischen Rahmen der radikalen Orthodoxie. Jede andere säkulare wie theologische Alternative konstituiert nach dieser Auffassung ein von Gott unabhängiges begriffliches Territorium und perenniert damit den Konflikt oder das beziehungslose Nebeneinander von religiösem und säkularem Diskurs. Jede Disziplin müsse daher in einer theologischen Perspektive gegründet werden, sonst gründe sie buchstäblich im Nichts. Gerade die Weltlichkeit und Selbständigkeit endlicher Dinge und Sachverhalte lösten sich auf, wenn sie unabhängig und getrennt vom theologischen Diskurs begründet werden sollten. Ohne den Bezug zu einer ewigen Stabilität würde nur eine prekäre, rein immanente Stabilität der politischen Verhältnisse bleiben. Wie die liberale Konzeption des Rechts zeige, führe dies zur Etablierung eines rein formalen und schematischen Rahmens, der für die Fragilität und Kontingenz weltlicher Phänomene keinen wirklichen Raum lässt. Rein immanente Konzepte seien in Wahrheit dualistisch, weil sie einen formalen und statischen Rahmen fixer Bedeutungen von kontingenten und temporalen Inhalten abheben. Es mache letztlich keinen Unterschied, ob man aus erkenntnistheoretischen oder pragmatischen Gründen für die Notwendigkeit einer konstitutiven Unterstellung eines solchen Bedeutungsrahmens plädiere oder, wie die Dekonstruktion, den illusionären Charakter eines solchen Rahmens entlarve. Die Gründung des transzendentalen Rahmens im Nichts sei gerade die statische „Mathesis" par excellence. Der modernistische epistemische Humanismus und der postmoderne ontologische Nihilismus würden so in letzter Instanz verschmelzen.

4.2 Metanarrativer Realismus

Das theologische Modell der Partizipation wird von Milbank eindeutig in einem realistischen Sinne verstanden. Die kontingenten und endlichen Phänomene wurzeln ontologisch in der transzendenten Wirklichkeit Gottes. Unter postmodernen Bedingungen kann aber für einen solchen theologischen Realismus gerade nicht mehr ontologisch argumentiert werden. Die Restitutierung dieses theologischen Realismus kann nur noch auf narrativem Weg erfolgen, genauer als Metanarrativ aller Narrative. Milbank nennt sein Konzept daher „metanarrativen Realismus". Erzählungen sind aber an Erzählungsgemeinschaften gebunden. Da sich Theologie als vermeintlicher Metadiskurs der Gesellschaft auf kein metaphysisches Fundament stützen kann, bleibt nur die Berufung auf die überlegene Sozialgestalt der theologischen Erzählgemeinschaft. Eine postsäkulare Theologie erneuert daher die augustinische Konzeption einer der säkularen Civitas Terrena überlegenen Civitas Dei.[11] In diesem Sinne ist diese Strömung postsäkularer Theologie erklärtermaßen orthodox. Sie bezieht sich ausdrücklich auf die durch Aufklärung und Säkularisierung verschüttete Tradition der Patristik. „Radikal" ist sie lediglich in ihrer grundsätzlichen Kritik an der modernen säkularen Gesellschaft, Kultur, Politik, Wissenschaft und Philosophie, aber auch in der Rückhaltlosigkeit ihrer Kritik an der eigenen theologischen Tradition, die durch ihre Dekadenz, durch ihr moralisches Versagen die antireligiöse Kritik der Aufklärung erst heraufbeschworen habe.

---

[11] Vgl. John Milbank, Postmodern Critical Augustinianism: A Short *Summa* in Forty-two Responses to Unasked Questions, in: Ward, Postmodern God (s. o. Anm. 7), 265–278.

5. Kritik der postsäkularen politischen Theologie

5.1 Interne Probleme der radikalen Orthodoxie

Milbank hat wiederholt eingeräumt, dass die von einer progressiven Theologie geteilte und geförderte säkulare Theorie des Politischen nicht nur eine rhetorische Imagination darstellt, sondern eine reflektierte Reaktion auf reale historische Vorgänge. Er nennt zunächst das Versagen einer auf Machterhaltung fixierten Kirche, die ein moralisches Vakuum hinterließ, welches nach einer neuen, religionsfreien Legitimierung von Recht und Politik verlangte. Gerade auf diese moralische Korruption der verfassten Kirche haben ja die Bettelorden und namentlich die von Milbank kritisierte franziskanische Theologie reagiert. Weiterhin stellt Milbank selbst fest, dass die Durchsetzung des modernen formalen Rechtsverständnisses eine Reaktion auf Reformation und Religionskriege darstellt. Europa konnte, wie Milbank sich ausdrückt, nur unter der Bedingung überleben, dass die rechtliche Legitimität der politischen Ordnung unabhängig von bestimmten Tugenden und einem substantiellen Wertekonsens, also auf der Basis formaler rationaler Prinzipien begründet werden konnte. Hans Joas hat mit Recht darauf hingewiesen, dass Milbank die für die Moderne charakteristischen Prozesse der gesellschaftlichen Ausdifferenzierung einseitig als reines Resultat semantischer Innovationen im politiktheoretischen Diskurs betrachtet und die realen historischen Voraussetzungen und praktischen Konsequenzen des sozialen Wandels systematisch unterschätzt.[12] Die antiliberalen Untertöne der milbankschen Analyse entsprechen einer zutiefst anti-empirischen Einstellung, welche die soziologischen Einsichten in die institutionellen Ursachen der Säkularisierung ignoriert und diesen Prozess ausschließlich als Ergebnis semantischer Operationen und rhetorischer Strategien begreift.[13]

Diese Konzentration auf die rhetorischen und semantischen Aspekte der politischen Theorie der Moderne verführt Milbank

---

[12] Hans Joas, Social Theory and the Sacred: A Response to John Milbank, in: Ethical Perspectives 7 (2000), 233–243, bes. 236.

[13] Ebd., 241.

dazu, in seiner Kritik am „Homogenitätszwang" der modernen liberalen politischen Theorie die Gemeinsamkeiten von antikem und modernem Politikverständnis zu stark zu betonen. Er sieht die bruchlose Kontinuität eines heidnischen Verständnisses von Politik, dem die Gewalt als ursprünglich und prinzipiell unüberwindbar erscheint und bestenfalls eingedämmt werden kann. Während das Christentum den Frieden, welcher die politische Ordnung stiftet, als harmonische Einheit der Differenz betrachte, sehe der heidnische Blick in der Differenz nur die Kräfte des Chaos. Diese können nur in der Binnenstruktur eines partikulären politischen Gemeinwesens vorübergehend gebändigt werden, bis zum tragischen Zerfall der Polis. Milbank missachtet damit einen fundamentalen Unterschied zwischen der antiken und der modernen Auffassung von Freiheit und Recht. Während sich in der antiken Konzeption der Rechtsstatus von der politischen Partizipation ableitet, erscheint in der modernen Freiheitskonzeption umgekehrt der vorstaatliche Rechtsanspruch – das Recht, Rechte zu haben – als Begründung der politischen Partizipation. Der rechtliche Status des Individuums wird durch die Teilhabe am Gemeinwesen garantiert, aber nicht begründet. Die Mitgliedschaft in einer Rechtsgemeinschaft ist das Kriterium dafür, ein Subjekt des Rechts zu sein, nicht aber die vorgängige Definition des Rechtssubjekts. Aufgrund dieser Verschränkung von vorstaatlichen Individualrechten und politischen Partizipationsrechten verlieren die Konflikte im Horizont des Rechtsstaates den Charakter des Agonalen. Im Rechtsstaat hören die Konflikte zwischen den verschiedenen Parteien nicht auf, sie erhalten aber einen gänzlich neuen Charakter. Sie folgen nicht mehr der Logik des geistigen Bürgerkrieges, sondern werden zum Rechtsstreit zwischen Parteien.

Vor allem aber scheint die Restitution der neuplatonischen Partizipationslehre unter Berufung auf die ausdrückliche Metaphysikkritik der Postmoderne problematisch. Milbanks narrative Restitution eines neuplatonischen theologischen Realismus arbeitet bedeutungstheoretisch mit der zentralen Operation einer analogen Attribution. Diese begriffliche Operation ist aber unter postmoderner Perspektive wie jeder andere Zeichengebrauch anfällig für Ambiguität und Differenz, für Dissemination und unkontrollierbare Bedeutungsverschiebung.

5.2 Eine Alternative:
Politisches, nicht metaphysisches Verständnis von Partizipation

Als Alternative bietet sich ein politisches, nicht metaphysisches Verständnis von Partizipation an. Diese Unterscheidung ist eine terminologische Anleihe an John Rawls' Konzept eines politischen Liberalismus.[14] Rawls geht davon aus, dass es keine erkenntnistheoretische Möglichkeit gibt, eine bestimmte Gerechtigkeitskonzeption auszuzeichnen, die mit bestimmten Überzeugungen über das Wesen der Person, den Sinn und das Ziel menschlichen Lebens, kurzum mit einer bestimmten inhaltlichen Vorstellung des Guten verbunden ist. Die Gerechtigkeitskonzeption des „politischen Liberalismus" ist eine vernünftige Konstruktion, die auf Wahrheitsansprüche verzichtet, das heißt auf den Anspruch, im Besitz einer bestimmten fundamentalen Wahrheit über *den* Menschen zu sein. Ein solcher Gerechtigkeitsbegriff, wie er den traditionellen politischen Philosophien, auch dem des klassischen Liberalismus, zugrunde liegt, nennt Rawls „metaphysisch". Rawls' politischer Liberalismus gründet dagegen auf einem „politischen" Begriff der Gerechtigkeit. Ein politischer, nicht metaphysischer Begriff von Gerechtigkeit setzt auf der Ebene der Gesellschaft die Idee eines Systems der fairen Kooperation voraus, nicht die substantielle Vorstellung eines allgemeinen guten Lebens. Auf der Ebene des Individuums setzt er den politischen Begriff des Bürgers voraus, aber keine umfassende Theorie menschlicher Subjektivität und Identität. Eine solche „politisch" genannte Gerechtigkeitskonzeption muss jedoch von einem übergreifenden Konsens getragen werden können, in dem sie von Vertretern ansonsten divergierender Konzeptionen des Guten als die für alle verbindliche Gerechtigkeitskonzeption akzeptiert wird. Von allen Bürgern kann prinzipiell eingesehen werden, dass Grundgüter der fairen Kooperation wie Freiheit und Gleichheit zentrale und konstitutive Elemente einer freistehenden Konzeption von Gerechtigkeit darstellen. Diese Elemente können aus der Perspektive der Anhänger der verschiedenen umfassenden

---

[14] John Rawls, Politischer Liberalismus, Frankfurt a. M. 1998.

Lehren, zum Beispiel religiöser Überzeugungen, interpretiert und als verbindlich akzeptiert werden – ohne dass diese Doktrinen selbst in die Rechtfertigungsgrundlage der freistehenden Gerechtigkeitskonzeption einflössen.[15]

Den Grund des Rechts im Sinne des metanarrativen theologischen Realismus als Ausdruck einer Partizipation an göttlicher Gerechtigkeit zu interpretieren ist daher selbstverständlich legitim. Diese Deutung, gerade in der juristischen Bedeutung des Wortes, erscheint aber nur aus der Binnenperspektive der religiösen Überzeugung wirklich plausibel und *zwingend*. Die biblische Tradition und ihre theologische Reflexion bleiben eine wichtige und legitime Inspirationsquelle für die kritische Beurteilung gesellschaftlicher Entwicklung. Es erscheint aber wenig sinnvoll – und unter postmodernen Bedingungen geradezu selbstwidersprüchlich –, Theologie als einen Metadiskurs von Politik und Recht etablieren zu wollen. Damit ist nicht gemeint, dass Theologie etwa aufgrund angeblich mangelnder Wissenschaftlichkeit dafür schlechter geeignet wäre als andere theoretische Diskurse. Vielmehr ist die Einsicht zu betonen, dass unter „postmodernen" Bedingungen *kein* Diskurstyp eine solche herausgehobene Stellung noch überzeugend beanspruchen kann. Die letzte Diskursebene, auf die alle gesellschaftstheoretischen Argumentationen bezogen bleiben, ist weder eine mit metanarrativen noch eine mit metaphysischen Mitteln etablierte Ontologie, sondern die öffentliche Auseinandersetzung in einer pluralistischen Gesellschaft. Es ist gerade die Funktion eines formal begründeten Rechts, den gleichen und fairen Zugang zu dieser Auseinandersetzung für alle Bürgerinnen und Bürger zu garantieren. Das Recht ist die konstitutive Bedingung diskursiver gesellschaftlicher Auseinandersetzung und setzt noch kein bestimmtes inhaltliches Ergebnis als ontologisches Fundament voraus. Genau aus diesem Grund hat eine liberale Konzeption von Rechtsstaatlichkeit weder den Anspruch und die Voraussetzung, religiöse Lehren zu ersetzen, noch ihnen eine

[15] Vgl. Thomas M. Schmidt, Glaubensüberzeugungen und säkulare Gründe. Zur Legitimität religiöser Argumente in einer pluralistischen Gesellschaft, in: Zeitschrift für Evangelische Ethik 45 (2001), 248–261.

wahre Grundlage zu verschaffen; diese Konzeption bestimmt vielmehr ihren angemessenen Ort in einer postsäkularen Gesellschaft. Sie ermöglicht so Gerechtigkeit als Fairness gegenüber religiösen wie nichtreligiösen Überzeugungen. Die metanarrative Diskursverweigerung steht dagegen vor der Alternative, am Ende doch einen gemeinsamen Boden der Argumentation anzuerkennen oder in ihrem Überlegenheitsgestus intolerant und latent gewaltförmig zu bleiben.

Jürgen Werbick

Biblische Aufklärung?

Fundamentaltheologisch-wissenschaftstheoretische Klärungsversuche

1. Was ist Aufklärung?

Kants berühmt gewordene Antwort auf diese Frage assoziiert unüberhörbar das Exodus-Motiv: *Ausgang* des Menschen aus seiner selbst verschuldeten Unmündigkeit, Auszug aus einer Vormundschaft, die bequem gewesen sein mag und sättigte, aber zutiefst Unfreiheit bedeutete. Gegen sie ist der Exodus-Mut aufzubieten, sich des „eigenen Verstandes zu bedienen"[1]. Die Anspielung auf das Exodus-Motiv ist freilich – der Gesamttext zeigt es – höchst ambivalent. Einerseits: Aufklärung leistet dem Ruf in die Freiheit Folge, dem Ruf zum Selbst-Denken, weg von den Vormündern, weg von den Fleischtöpfen Ägyptens. Andererseits: Wer ruft hier zum Exodus? Ist es Gottes Ruf oder der Ruf der Vernunft, beides womöglich in einem? Was läge daran, dass es *Gottes* Hervor-Ruf ist, wenn sich der Mensch doch durch sich selbst – durch seine Vernunft – hinreichend eindringlich und klar gerufen wissen kann? Ist die Bindung an Gottes Ruf, an sein Wort nicht die letzte und eigentliche „Fußfessel", die den Sprung über den Graben verhindert, der um das Land der Unmündigen gezogen ist – eine Vorgegebenheit, eine Voraussetzung, die aufzuheben erst wirkliche Aufklärung wäre?

Diese Ambivalenz bestimmt das Verhältnis *Aufklärung – biblischer Gottesglaube* bis in die Gegenwart. Und sie markiert ja auch die leise Provokation, als die das Motto dieser Tagung wahrgenommen werden mag. Biblische Aufklärung: bedeutet das nicht – allenfalls – halbierte Aufklärung? Wird mit diesem

---

[1] Immanuel Kant, Beantwortung der Frage: Was ist Aufklärung?, in: Akademie-Textausgabe, Berlin 1968, Bd. VIII, 33 – 42, hier 35.

Titel tatsächlich der Anspruch erhoben, biblische Wurzeln der Aufklärung seien zu erinnern und aufzusuchen, damit Aufklärung radikal sein kann – in der rechten Weise radikal, so dass sie sich auch über ihre Dialektik noch aufklären könnte?

Man wird gewiss gut daran tun, die Ambivalenz im Verhältnis Aufklärung – biblischer Gottesglaube möglichst radikal zu erfassen. Wer könnte dabei besser helfen als Friedrich Nietzsche, der unheilbar Radikale, der – vielleicht erstmals programmatisch – aufklärend über die Aufklärung hinaus denken und sie gerade so zu ihrer Vollendung bringen wollte. Für ist ihn ganz klar: Aufklärung – die Entbindung des Wissenwollens – ist gleichbedeutend mit dem „Tod Gottes". Der Tod Gottes ist Inbegriff des von Kant eingeforderten Mutes hinauszugehen, auszufahren in die Freiheit des selbst bestimmten Kurses. Die „Furchtlosen", die „freien Geister" wissen sich von jedem Hemmnis befreit, das die Menschen zuvor „im Hafen" festhielt. Endlich erscheint ihnen der Horizont frei; endlich – so sagen sie sich – „dürfen unsere Schiffe wieder auslaufen, auf jede Gefahr hin auslaufen, jedes Wagnis der Erkennenden ist wieder erlaubt, das Meer, *unser* Meer, liegt wieder offen da, vielleicht gab es noch niemals ein so ,offenes Meer'"[2].

Wenn Gott tot ist, ist der Horizont offen, sind die Grenzen weggewischt, ist das Wagnis des Wissens grenzenlos erlaubt. Wissenschaft fordert diese Erlaubnis ein und nimmt sie in Anspruch. Sie ist ihre Geburtsurkunde, begründet ihre Gewissenhaftigkeit. Wie sollte christliche Religion da noch als „Geburtshelferin" in Frage kommen? Aber selbst Nietzsche verschweigt nicht, dass die Abstammungsverhältnisse weit komplexer sind – und widersprüchlicher.

---

[2] Friedrich Nietzsche, Die fröhliche Wissenschaft, Aphorismus 342, Kritische Studienausgabe der Sämtlichen Werke, hg. von G. Colli und M. Montinari, München – Berlin 1980, Bd. 3, 574.

2. Wille zur Wahrheit

Auch das Christentum hat – so Nietzsche – „einen großen Beitrag zur Aufklärung gegeben: Es lehrte die moralische Skepsis
auf eine sehr eindringliche und wirksame Weise: anklagend,
verbitternd, aber mit unermüdlicher Geduld und Feinheit: Es
vernichtete in jedem Menschen den Glauben an seine ‚Tugenden‘."[3] Es vernichtete die Selbstgewissheit, auf die sich Aufklärung viel zugute hielt; es vernichtete sie durch Selbstbeobach-
tung und kritische Motiv-Prüfung, die den Glauben an die
eigene Gutheit zugrunde richteten. Klar, dass Nietzsche diese
moralische Skepsis gegen den „starken Menschen" selbst noch
einmal einer vernichtenden Motivprüfung unterzieht und dadurch nach Gottes Tod dem Sterben des Christentums vorarbei-
ten will. Der christliche Erkenntnisimpuls, das Sich-nicht-täu-
schen-und-täuschen-lassen-Wollen der Frommen, darf aber
nicht mitsterben. Nietzsche schließt den zitierten Aphorismus
mit der Mahnung: „[...] retten wir ihr Abbild und ihren Typus
wenigstens für die Erkenntnis!"[4] Gerade wenn dieser Wissens-
impuls gerettet wird, muss der biblische Gottesglaube – und
zwar an sich selbst – zugrunde gehen. Denn das ist es nach
Nietzsche, was „eigentlich über Gott gesiegt hat: die christliche
Moralität selbst, der immer strenger genommene Begriff der
Wahrhaftigkeit, die Beichtväter-Feinheit des christlichen Gewissens, übersetzt und sublimirt zum wissenschaftlichen Gewissen,
zur intellektuellen Sauberkeit um jeden Preis"[5].

Das Wahrheits- und Wahrhaftigkeits-Gewissen der Wissen-
schaft ist das Erbe des religiös-moralischen Gewissens, das die
Wahrheit in unbedingter Wahrhaftigkeit wissen will – weil jede
Unwahrhaftigkeit Unbußfertigkeit wäre und das ewige Heil aufs
Spiel setzen würde. Der Wille zur Wahrheit entspringt religiös in
der Vergewisserungs-Sehnsucht derer, die etwas brauchen, wo-

---

[3] Nietzsche, Die fröhliche Wissenschaft (s. o. Anm 2), Aphorismus 122, KSA 3,
  478.
[4] Ebd.
[5] Nietzsche, Die fröhliche Wissenschaft (s. o. Anm 2), Aphorismus 357, KSA 3,
  600, zit. in: Zur Genealogie der Moral. Dritte Abhandlung, Aphorismus 27,
  KSA 5, 409 f.

rauf sie sich wirklich verlassen können, und deshalb sich selbst als Unsicherheitsfaktor möglichst ausschließen müssen. Nur wer sich nichts vormacht – wer den Gottesgesichtspunkt des Richters im Jüngsten Gericht gleichsam verinnerlicht, in Selbstbeurteilung vorwegnimmt –, kann begründet auf das ewige Heil hoffen. Dieses religiöse Erbe wird in den Wissenschaften aber nur da mit letzter Konsequenz angetreten, wo der Wille zur Wahrheit sich selbst als Chimäre durchschaut, also Wahrheit im Sinne einer wahren Erkenntnis dessen, was ist – der Adaequatio Intellectus ad Rem –, radikal „dekonstruiert". Nietzsche spricht Klartext: „Wir haben eben gar kein Organ für das *Erkennen,* für die ‚Wahrheit': Wir ‚wissen' (oder glauben oder bilden uns ein) gerade so viel, als es im Interesse der Menschen-Herde, der Gattung, *nützlich* sein mag: Und selbst, was hier ‚Nützlichkeit' genannt wird, ist zuletzt auch nur ein Glaube, eine Einbildung [...]."[6]

Die Erkenntnis der Erkenntnis – des „Wahrheitstriebs" – erkennt, dass Erkenntnis „als Werkzeug der Macht" arbeitet, um über die Realität „Herr zu werden, um sie in Dienst zu nehmen": der „Wille zur Wahrheit als Wille zur Macht"[7]. Religion streicht sich als Gottes-Erkenntnis durch, weil sie ihrem eigenen Gewissheitsverlangen nicht gewachsen ist. Dieser letzte, „stärkste Schluss" – der gegen sich selbst –[8] verlangt, dass Wahrheitserkenntnis ihren Willen zur Wahrheit im Sinne der Adaequatio durchstreicht, um sich als Willen zur Macht zu bejahen. Damit erst ist die Aufklärung der Erkenntnis vollendet und Erkenntnis vollends irreligiös geworden: als Instrument der Weltbemächtigung und als Bekenntnis zu solchem Instrumentsein, als Absage an das Ideal einer interesselosen Erkenntnis der „Wahrheit" – an den Glauben der Christen wie den Platons, „dass Gott die Wahrheit ist, dass die Wahrheit göttlich ist [...]"[9].

---

[6] Nietzsche, Die fröhliche Wissenschaft (s. o. Anm 2), Aphorismus 354, KSA 3, 593.

[7] Vgl. Nietzsche, Nachgelassene Fragmente Frühjahr 1888, KSA 13, 302 bzw. Nachgelassene Fragmente Herbst 1887, KSA 12, 352.

[8] Vgl. Nietzsche, Zur Genealogie der Moral. Dritte Abhandlung, Aphorismus 27, KSA 5, 410.

[9] Nietzsche, Die fröhliche Wissenschaft (s. o. Anm 2), Aphorismus 344, KSA 3, 577.

Für Nietzsche ist das Christentum neben Platon tatsächlich Ursprung – zumindest Geburtshelfer – des abendländischen Erkenntnisideals mit seiner Vergöttlichung der Wahrheit: Die Wahrheit – das Wahr-Nehmen und Würdigen dessen, was ist – soll unbedingt angestrebt werden; Wahrheit ist das um seiner selbst willen zu Wollende. Nietzsche setzt dagegen: Das Wahrheitsstreben hat nur Sinn als Streben des Menschen nach Lebenssteigerung durch Weltbemächtigung. Wo – wie in den „gesofteten" Nietzsche-Rezeptionen – der dramatische Hintergrund des Willens zur Macht ausgeblendet wird, bleibt die erkenntnistheoretische Harmlosigkeit einer „bildenden Philosophie", für die Wahrheit „nicht mehr als ‚genaue Darstellung der Wirklichkeit', sondern" als dasjenige zu verstehen ist, „was zu glauben für uns besser ist", so dass es in dieser Philosophie auch nicht mehr darauf ankommen kann, normative „Wahrheiten zu entdecken, sondern darauf, ein Gespräch fortzusetzen", das Gespräch darüber, was für uns wohl besser wäre.[10]

3. Die Wahrheitsfrage und das Streben nach Gewissheit

Das Gespräch solcher „bildender Philosophie" darüber, was zu glauben besser für uns ist, hat sich vom Wahrheits-Pathos endgültig verabschiedet. Die Frage, ob eine Behauptung das, worauf sie sich bezieht, auch trifft, reduziert sich auf das Problem, Hypothesen und Handlungsanweisungen so zu optimieren, dass der von ihnen entworfene Zugriff auf die Realitäten unserer Welt Erfolg hat – also „besser für uns ist" – als inadäquate und deshalb relativ erfolglose andere Zugriffsversuche. Theorien und Behauptungen sollen dadurch leistungsfähiger – „wahrheitsähnlicher" – werden, dass sie sich möglichst genau an den Prozess ihrer Erprobung in den von ihnen angeleiteten Technologien rückkoppeln, Erfolg und Misserfolg triftig erklären und so *erfolgreicher* werden.

Diese „Pragmatisierung" der Wahrheitsfrage impliziert tatsächlich, wie von Nietzsche gesehen, den Abschied von einem

---

[10] Vgl. Richard Rorty, Der Spiegel der Natur. Eine Kritik der Philosophie, dt. Frankfurt a. M. 1981, 20. 404.

christlich imprägnierten Verständnis der Wahrheit. Dieses Verständnis war durch die kategoriale Unterscheidung zwischen *wahr* und *erfolgreich* (im Sinne von „besser für uns") geprägt; es war nicht bereit, das, was sich aus einer Erkenntnis an Vorteilhaftem gewinnen ließ, als Kriterium ihrer *Angemessenheit* zu akzeptieren. Angemessenheit erforderte hier das Sich-Ausrichten am *Vor-Gegebenen*, erforderte das Zur-Geltung-kommen-Lassen des Vorgegebenen als eines eigenberechtigten Gegenübers, das gleichsam ein Anrecht darauf hat, von mir als es selbst und in sich selbst gewürdigt zu werden. Dieses Anrecht hat es, so die biblische Überlieferung, als Schöpfungswirklichkeit, die an der Heiligkeit und Gutheit des Schöpfers Anteil hat. Ihm gilt – vor unserer – Gottes Würdigung: Es ist sehr gut und schön (hebr. *tov*; vgl. Gen 1,1–2,4). Menschliche Erkenntnis hat freilich die Neigung, es nur insoweit zu würdigen, als es gut für mich bzw. uns ist, und sich in diesem Sinne der Unterscheidung zwischen Gut und Böse bzw. zwischen tauglich und untauglich zu bemächtigen.[11] So ist die Konkupiszenz des Menschen – seine Begierde, das Gegebene für sich zu gebrauchen – schon eine Versuchung des Erkennens, der widerstanden werden muss durch „liebendes" Sich-Öffnen, worin das Begegnende in seiner ihm eigenen Gutheit willkommen geheißen wird.

Wo dieser schöpfungstheologische Horizont „weggewischt"[12] wird, da verblasst das Erkenntnisethos, Begegnendes zu würdigen, wie es *in sich* ist – und nicht nur in dem, was es *für mich* sein könnte –, vor der Herausforderung, ihm gewachsen zu sein und sich seiner bedienen zu können. Da wird vergessen oder – wie bei Nietzsche – vehement bestritten, dass der „Appetitus Cognitionis"[13] nicht von der Aufforderung des Erkenntnisgegenstandes hervorgerufen ist, ihm standzuhalten, sondern von der Bitte, ihm gerecht zu werden. So bezeugt das Adaequatio-Ideal der Wahrheit und der Erkenntnis schon ursprünglich jenen „Selbstzweifel in dem dialektischen Spannungsverhältnis von

---

[11] Vgl. in der Versuchungsgeschichte der Genesis die Verse 3,5 und 22.

[12] Vgl. Nietzsche, Die fröhliche Wissenschaft (s. o. Anm 2), Aphorismus 125, KSA 3, 481.

[13] Vgl. Aurelius Augustinus, De libero arbitrio 3,238.

Selbstbewusstsein und Selbstlosigkeit", der realisiert, dass „Erkenntnisbild" und zu Erkennendes gerade nicht übereinstimmen.[14] Dieser Selbstzweifel provoziert die Suche nach Gewissheit, nach der endlich erreichten und als erreicht gewussten, menschlich aber unmöglichen Übereinstimmung; er lässt die Differenz zwischen *für mich/für uns* und *in sich* immer wieder neu aufbrechen und damit die Frage, inwieweit die Erkennenden dem „Erkannten" in seiner Eigenwirklichkeit Recht gegeben haben und wo sie ihm dieses Eigen-Recht vorenthalten.

Wo das Adaequatio-Ideal vom wissenschaftlichen *Objektivitäts-Ideal* abgelöst wurde – von dem Streben, Erkenntnis durch Ausschaltung aller Erkenntnisinteressen zu optimieren –, da entstand zugleich das naturalistische Ideal einer „desengagierten Vernunft", die nicht nur die subjektiven Neigungen, sondern auch das Erkennbare wie das Aussprechbare *rationaler Kontrolle* unterwarf[15] und dem unstillbaren Gewissheitsverlangen gegenüber die Erreichbarkeit verlässlicher, also zuverlässig verwendbarer Erkenntnisse sicherte. Und so wurde die Gewissheitssuche erkenntnistheoretisch neutralisiert, ja unter Verdacht gestellt[16]

---

[14] Vgl. Paulo Suess, Über die Unfähigkeit der Einen, sich der Andern zu erinnern, in: E. Arens (Hg.), Anerkennung der Anderen. Eine theologische Grunddimension interkultureller Kommunikation, Freiburg – Basel – Wien 1995, 64–94, hier 67, der aber die Adaequatio gerade als das Identischmachen des Anderen mit dem Erkennenden meint entlarven zu müssen.

[15] Vgl. Ch. Taylor, Quellen des Selbst. Die Entstehung der neuzeitlichen Identität, dt. Frankfurt a. M. 1996, 683.

[16] So kann der kritische Rationalismus die Wahrheitssuche gegen das Gewissheitsstreben in Stellung bringen und plakativ fordern, man müsse das „Streben nach Gewissheit opfern und die permanente Ungewissheit in Kauf nehmen, ob sich unsere Auffassungen auch in Zukunft weiter bewähren und damit aufrechterhalten lassen" (H. Albert, Traktat über kritische Vernunft, Tübingen ²1968, 33). Wer nach Gewissheit strebt, der ist – so Albert – bereit, sie dadurch zu erzwingen, dass er sich gegen den offenen Ausgang der Hypothesenprüfungen abschirmt und Unsicheres als gewiss ausgibt – gegen Kritik immunisiert (vgl. ebd., 34). Ist es nicht – zumindest auch – genau umgekehrt so, dass die unabschließbare Suche nach Gewissheit gerade die Vorläufigkeit und Fragilität aller erreichten Gewissheiten ans Licht zieht? Seltsam, dass Hans Albert diese Seite der Gewissheitssuche nicht zu kennen scheint. Kennt er sie nur deshalb nicht, weil er dem Ideal der desengagierten Vernunft „rücksichtslos" verpflichtet ist?

bzw. als der bloß subjektiv-expressiven Selbstauslegung des Menschen zu überlassendes oder gar als rein religiös-emotionales Problem marginalisiert.

Es hat freilich seine Richtigkeit, wenn man auf die religiös-theologische Dimensionierung des Gewissheitsproblems hinweist. Das Verlangen nach Gotteserkenntnis stimulierte das Gewissheitsstreben und ließ es immer wieder an der nicht zu tilgenden Differenz zwischen *für uns* und *in sich* aufbrechen. Gotteserkenntnis steht unter dem Gesetz der in aller Adaequatio umso größeren Inadaequatio: Zwischen „dem Schöpfer und dem Geschöpf kann man" – so das 4. Laterankonzil von 1215 – „keine so große Ähnlichkeit feststellen, dass zwischen ihnen keine noch größere Unähnlichkeit festzustellen wäre"[17]. Wenn sich, wie auch das Mittelalter wusste, das Erkennen nach Maßgabe des Erkennenden vollzieht – durch „Anähnlichung" des zu Erkennenden an den Erkennenden –, so bleibt gerade gegenüber dem Schöpfer das Verlangen ungestillt, zu wissen, wie er in sich ist. Es bleibt die erkenntniskritische Einsicht, dass sich der Erkennenwollende „erkennend" verdeckt, was er erkennen will, weil er es in die Welt endlicher Relationen und Bedürfnisse hineinzieht, es in einem unüberwindlich inadäquaten Medium vorstellen und in einer Sprache aussprechen muss, in der die Anwendbarkeit der Begriffe mit der Erkenntnisillusion der Ähnlichkeit des in viel höherem Maße Unähnlichen erkauft werden muss.

Adäquate Erkenntnis müsste – und das gilt entsprechend für die Erkenntnis der Geschöpfe – vom Rückbezug der Erkenntnis auf die Erkennenden absehen, sie müsste von dem Übergriff abstrahieren können, mit dem das unbekannte Unendliche ins Endliche, Bekannte hereingezogen wird. Aber gerade so würde sie aufhören, Erkenntnis zu sein. Vor allem die Mystik des Mittelalters dynamisiert diese „Dialektik" zu einer Spannung, die das Gott- und Welt-Erkennen dazu herausfordert, sich von ihr immer entschiedener zu einer selbst-engagierten Selbstlosigkeit des Erkennens herausfordern zu lassen. Die „Erkenntnistheorie" der Mystiker und Mystikerinnen klärt damit eine Dialektik auf,

---

[17] H. Denzinger, Enchiridion symbolorum definitionum et declarationum de rebus fidei et morum, Freiburg – Basel – Wien [37]1991, Nr. 806.

die in der modernen Wissenschaftstheorie – freilich in anderen Problemzusammenhängen – zur zentralen wissenschaftstheoretischen Aporie wurde: die *Dialektik zwischen Erkennen und Sein-Lassen,* dem Sein- und Geltenlassen dessen, was die Erkenntnis in sich aufnimmt und – in ihrer „Eingriffstiefe" nicht mehr adäquat reflektierbar – auch von sich aus bestimmt.

4. Die Herausforderung des biblischen Erbes: Ethos und Pathos unbedingter Würdigung

Die These, die sich für mich aus diesen Beobachtungen ergibt, lautet: Biblische Glaubensreflexion hat die Herausforderung des Erkennens spezifisch bestimmt und zugespitzt: Menschliche Erkenntnis ist gefordert, das ihr Gegebene nicht nur nach Maßgabe der jeweiligen Erkenntnis- und Bemächtigungsinteressen zu durchschauen, sondern als es selbst zu würdigen. Wahrheit als Würdigung dessen, was ist, ist das *unbedingt* Sein-Sollende. So gilt die Missachtung – das Verleugnen und Verdrängen – des Gegebenen als das schlechthin Nicht-sein-Sollende. Wahrheit im Sinne der Würdigung ist Selbstzweck und geschieht nicht, wo sie dem Zweck der Bemächtigung unterworfen wird. Diese Selbstzwecklichkeit des Erkennens gilt auch dem Erkannten bzw. zu Erkennenden, wo es selbst Erkennendes ist: der Wahrheit fähig und zum Wahrwerden herausgefordert. Dem anderen Menschen gegenüber bedeutet Würdigung nicht nur die selbstkritisch-beobachtende Registrierung des Gegebenen, sondern Erkennen in der Teilnehmerperspektive, jene Weise der Begegnung, die der intentional sich aufspannenden „Innenperspektive" der Begegnenden gerecht werden will, so dass mir und dem anderen aufgehen kann, was *sein* und deshalb wahr werden soll; was wir miteinander und füreinander und für andere werden können und werden sollen. Wahrheit geschieht hier in der Entdeckung und Anerkennung dessen, was sein soll: um meiner, deiner und der Menschheit willen, um Gottes willen, der die Würde des Menschen anerkannt sehen will.

Der erkennende Übergriff auf Anderes und Andere wie das vom Erkennen angebahnte Verfügenwollen über es missachtet

Gottes Schöpferwillen, provoziert Gott gleichsam – so die biblische Grundüberzeugung –, die Güte seines in den Geschöpfen wahrzunehmenden und zu achtenden Willens den „Sündern" in der Geschichte neu zu erschließen. Gegen die Sünde des Nichtgelten-Lassens bringt er diesen guten Willen erlösend neu zur Geltung, indem er sich den Menschen in seiner Güte erfahrbar macht, indem er ihnen die Gabe verleiht, sich selbst und das ihnen zum guten Leben Geschenkte als Gottesgabe zu erkennen.

Solche Erkenntnis bleibt unaufhebbar an das ihr *Gegebene* und Sich-Gebende gewiesen. Ihre ureigene Herausforderung und Verpflichtung ist es, die Güte des ihr Gegebenen – und dessen, der da gibt – zu erkennen und zu würdigen. Damit ist zumindest viererlei über die erkenntnisaufklärende Bedeutung des biblischen Erbes gesagt:

– Erkennen in der Teilnehmerperspektive ist entscheidend *engagiertes* Erkennen und vollzieht sich als Umkehr: in Überwindung des Drangs zur Verfügung über das ihm Gegebene. Das Ideal desengagiert-beschreibender Erkenntnis in der Beobachterperspektive[18] blendet diese Verführung des Erkennens aus bzw. operationalisiert die Umkehr des Erkennens zu dem ihm Gegebenen verfügungspragmatisch: Der Eigensinn des Gegebenen ist hier zu würdigen, weil und insoweit ihm Rechnung getragen werden muss, damit er menschliche Vorhaben nicht durchkreuzt. Die biblischen Überlieferungen von dem Gott, dem an den Menschen so viel liegt, dass er ihrer „gedenkt" und sich ihrer annimmt (vgl. Hebr. 2,6 mit Ps 8,5), sprechen von einem Erkennen, das der Würdigung der menschlichen „Innenperspektive" gilt: den Hoffnungen und Leiden, den Intentionen der Menschen, ihrem Glücken und Scheitern – weshalb solches Erkennen nicht in strategisch gut kalkulierten Verfahren, sondern erst im konkret folgenreichen „Gedenken" zum Ziel kommt. Erkenntnis muss sich von dieser Überlieferung gerade in der Gegenwart über das verhängnisvolle Ideal einer Vollendung der Erkenntnis in perfektionierter, „herrschaftlicher" Beobachtung

---

[18] Zu dieser Unterscheidung vgl. neben Charles Taylors Arbeiten auch Jürgen Habermas, Glauben und Wissen, Frankfurt a. M. 2001, 19.

aufklären lassen. Der Beobachter weiß es immer besser als die, die er beobachtet; er hat die „weitere" Perspektive und kann deshalb die Fragen stellen, die ihm über die Sache wirklich Aufschluss geben.[19] So fällt es ihm leicht, seinen Zuschreibungen gegen das Sich-selbst-Verstehen und -Aussprechen der Beobachteten Recht zu geben. Wo Gottes An-Teilnahme an der Innenperspektive der Hoffenden und Leidenden gedacht wird, da gewinnt die erkennende Würdigung jenen ethisch-normativen Gehalt, der alles Erkennen in den Dienst der in mitmenschlich-wechselseitiger Lebens-Anteilnahme entspringenden Freiheit zu stellen fordert und menschliche Erkenntnis immer in Ungewissheit darüber hält, ob sie dieser Bestimmung entspricht.

– Die Innenperspektive des im Gegebenen sich Gebenden ist aber nur zugänglich, wenn sie sich bezeugt: in der Selbst-Mitteilung, in der sich Mitteilende anderen Menschen zu verstehen geben. Dass Erkennen *letztlich* an das Sich-Mitteilen gewiesen ist und Menschen als Sich-Mitteilende zu würdigen hat, ergibt sich biblisch aus dem Bild-Gottes-Sein der Menschen und gilt deshalb a fortiori für die Erkenntnis Gottes selbst. Gottes Selbstmitteilung aber widerfährt mitmenschlich-geschichtlich. So gewinnen geschichtliche Zeugnisse in theologischer Perspektive den Charakter möglicher Zeugnisse für die unbedingte Zuwendung Gottes zu den Menschen. Im Kontext biblischen Glaubens erwacht deshalb die Erkenntnis-Herausforderung, die Bedeutung geschichtlicher Zeugnisse angemessen zu ermitteln und mit nachvollziehbarer Methodik zu überprüfen, ob in ihnen das Zeugnis für Gottes Zuwendung begegnet. Fundamentaltheologie und systematische Theologie sind in diesem Sinne immer schon dabei, Kriterien zu entwickeln, nach denen triftig entschieden werden könnte,

---

[19] Immanuel Kant hat für dieses Verfahren die Gerichtshof-Metapher gefunden: Neuzeitliche Vernunft würdigt nur das, was ihr – als der souveränen Richterin – Rede und Antwort stehen kann (vgl. Vorrede zur zweiten Auflage der Kritik der reinen Vernunft, B XIII). Wo die vor ihr Gericht zitierten Zeugen nicht auf gestellte Fragen antworten, also die Beobachtungen komplettieren, die hinter diesen Fragen stehen, da ist das von ihnen Mitgeteilte wissenschaftlich nicht von Bedeutung; da ist es nicht einzuordnen.

ob in bestimmten Überlieferungen *das* bezeugt wird, worüber – um mit Schelling zu sprechen – „schlechterdings nichts Größeres geschehen", worüber Größeres den Erkennenden nicht gegeben werden kann.[20] Das Größte aber, was dem Menschen geschichtlich widerfahren kann, ist – so die gut begründbare und wiederum schon bei Schelling begegnende Überzeugung christlicher Glaubensreflexion – die schöpferische Freiheit Gottes zur Liebe, in der er die Menschen herausfordert, diese schöpferische Freiheit als ihnen selbst geltend und ihnen in den anderen Menschen widerfahrend unbedingt zu würdigen. Glaubenserkenntnis weiß von diesem Widerfahrnis und ist zugleich gefordert, ihm auf der Spur zu bleiben: herauszufinden, wo es begegnet und wozu es herausfordert. So ist sie das „Milieu", in dem sich die Hermeneutik ausbildete, die das geschichtlich Gegebene nicht einfach hinnimmt, sondern ihm kritisch auf den Grund zu gehen versucht, um herauszufinden, was es den Menschen hier und heute bedeuten kann. Sie ist aber ebenso die Herausforderung, zwischen Gottgegebenem und Menschenverfügtem zu unterscheiden: in einem unabschließbaren „Konflikt der Interpretationen"[21] (Paul Ricœur) das dem Erkennen sich Gebende von dem zu unterscheiden, was menschlich-allzu-menschliche Zugriffe ihm „zufügen". In diesem Konflikt der Interpretationen ist beobachtende Erkenntnis als therapeutisch-ideologiekritische vom Verstehen des Sich-Gebenden in Dienst genommen, ohne sich ihm einfach zu unterwerfen. Sie rekonstruiert – erkenntniskritisch – die Mechanismen, die den Übergriff auf das Sich-Gebende bestimmen. Sie leitet dazu an, im geschichtlich Gegebenen die Spuren menschlich-allzu-menschlicher Selbstbehauptung von den Spuren jener Herausforderung zu unterscheiden, in die Gottes Selbstmitteilung sich eingeschrieben hat.

---

[20] Diese beiden signifikant von dem bekannten Wortlaut in Proslogion 2 des Anselm von Canterbury abweichenden Übertragungen finden sich in F. W. J. Schellings Philosophie der Offenbarung, Darmstadt 1974, Bd. 1, 157, und Bd. 2, 27.

[21] P. Ricœur, Die Interpretation. Ein Versuch über Freud, dt. Frankfurt a. M. 1969, 33–49.

– Das geschichtlich Gegebene und Zugemutete ist ja zweifellos nicht durchweg Zeugnis für Gottes Zuwendung. Weit deutlicher ist es Anti-Zeugnis für die Menschensünde und ihren die Menschenwürde zerstörenden Übergriff, für das zum Himmel schreiende Leid, das Menschen einander zufügten oder von dem sie heimgesucht wurden, ohne dass es anderen Menschen als Verschulden zurechenbar wäre. Biblische Soteriologie gibt dieses Leiden nicht verloren, gibt das Vergangene, scheinbar Abgeschlossene, nicht verloren. Sie verweigert den Glauben an die Endgültigkeit des Geschehenen und setzt auf die Erinnerungsmacht dessen, dem das Vermögen zugetraut wird, „das Abgeschlossene [das Leid] zu einem Unabgeschlossenen [zu] machen"[22]. Weil sie an Gottes schöpferisch-erlösende Erinnerung zu glauben heißt, deshalb ist für sie das Verdrängen und Verleugnen des Gewesenen zutiefst unvernünftig. Wo Vernunft das Unvernünftige – die vorenthaltene Würdigung – erinnert, da wird sie von der Gnade der göttlichen Erinnerung ergriffen – von ihr zumindest insoweit ergriffen, als sie offen hält, worüber die Unvernunft die Akten geschlossen sehen möchte. Anamnetische Vernunft[23] gehorcht der biblisch-therapeutischen Weisheit: Was erinnert wird, schreit noch zum Himmel – und danach, gehört zu werden. Wo es – wie auch immer – gehört wird, da besteht Hoffnung auf Heilung, Hoffnung darauf, dass die Unwahrheit der Entwürdigung nicht endgültig bleibt. Wahrheit ist auch hier der Gegenbegriff – die dynamische Gegenwirklichkeit – zum Verdrängen und Nichtwahrhaben-Wollen, jene Wirklichkeit, die in Aufklärung ihre befreiende Macht erweist: Wahrheit des erinnerten *Ganzen,* von der Erkenntnis herausgefordert bleibt, die sie aber einer göttlichen Versöhnung anheim stellen kann, von der sie sich – bestenfalls – in Dienst genommen weiß.

---

[22] Vgl. W. Benjamin, Das Passagenwerk, hg. von R. Tiedemann, Frankfurt a. M. 1983, Bd. 1, 589.

[23] Johann Baptist Metz hat mit seiner neuen Politischen Theologie die anamnetische Verfassung der Vernunft immer wieder neu geltend zu machen versucht; vgl. von ihm etwa: Zum Begriff der neuen Politischen Theologie, Mainz 1997, § 8.

– Christliche Theologie denkt letztlich nicht die Übereinstimmung des ihr Gegebenen mit dem Begriff, den sie sich davon macht – die „Adaequatio Intellectus et Rei" –, sondern die Dynamik der Würdigung, zu der sie sich von dem herausgefordert weiß, der die Menschen würdigt, an *seiner* Würdigung teilzunehmen. Gottes Würdigung gilt den Menschen unbedingt, weil sie Imago Dei sind. Sie verpflichtet dazu, die Entwürdigung des zu Würdigenden erkennend nachzuvollziehen und in der Praxis des Glaubens zu überwinden. So wird Gotteserkenntnis – Erkenntnis des „Absoluten" – konkret in der Selbstkritik eines nur bedingt würdigenden Erkennens, welche die Wahrheit des Absoluten in der „Spiegelschrift ihres Gegenteils" entziffert[24] und an den Spuren und Auswirkungen verweigerter Würdigung wahrnimmt, was den Entwürdigten bisher vorenthalten blieb, und so auf den „hört", der für die Würdigung der Missachteten einsteht und einstehen heißt. Nach der biblischen Überlieferung sind Erkenntnistheorie und Ethik unauflöslich miteinander verbunden. Der „Trieb zur Wahrheit" ist – wie es Nietzsche richtig gesehen, allerdings leidenschaftlich abgelehnt hat – ein zutiefst ethischer Impuls: der Impuls, das Gegebene so zu würdigen, wie es gewürdigt werden muss.

5. Biblische Aufklärung und kirchliche Gegen-Aufklärung

Der elementare biblische Erkenntnis- und Handlungsimpuls ist derjenige zur Unterscheidung zwischen bedingt und unbedingt: Gott geht uns unbedingt an (Paul Tillich[25]); er ist unbedingt – um seiner selbst willen – zu würdigen. Mit ihm sind alle Menschen unbedingt zu würdigen, da ihnen die Würde zukommt, Imago Dei zu sein: den Mitmenschen niemals nur ein Mittel, sondern immer auch ein Zweck in sich selbst (Immanuel Kant[26]).

---

[24] Vgl. Th. W. Adorno, Minima moralia, Gesammelte Schriften 4, Frankfurt a. M. 1980, 281.

[25] Vgl. P. Tillich, Wesen und Wandel des Glaubens, dt. Berlin 1966, 9.

[26] Vgl. I. Kant, Grundlegung der Metaphysik der Sitten, Akademie-Textausgabe, Berlin 1968, Bd. IV, 428 f.

Wer sich an dieser göttlichen Unbedingtheit vergreift, handelt böse und will nicht wissen, nicht gelten lassen, was ist. Er ist – theologisch gesprochen – Sünder, da er *wie Gott* sein und souverän entscheiden will, wer und was wofür gut ist (Gen 3,5.22). Das ist biblisch das Kennzeichen der Götzen, dass sie sich selbst absolut setzen und alles andere ihrer eigenen Absolutheit aufopfern. Der Sünder vergötzt sich selbst oder er gehorcht Götzen, die ihn dazu verführen, falsche Absolutheiten anzubeten. Kritik an den Götzen ist Erkenntnis des Absoluten – in der Kritik falscher Absolutheiten, in der Verweigerung gegenüber illegitimen Unbedingtheitsansprüchen.

Das Bilderverbot sollte schon alttestamentlich der Vergötzung von Endlichem wehren. So setzte es eine Aufklärung in Gang, die noch in Horkheimers und Adornos „Dialektik der Aufklärung" – als der Bibel verdankte – Denk-Gehorsam für sich einfordert: als Verbot, Menschliches und Göttliches zu vermischen und das Unbedingte als Bedingtes, das Bedingte aber als Unbedingtes auszugeben, als Aufklärung über die Falschheit aller Absolutheits-Repräsentationen und Gewissheitsgaranten. „Biblische Aufklärung" bleibt gezeichnet von „verzweifelte[r] Anstrengung, das zu sagen, was sich eigentlich nicht sagen lässt"[27] – weil es bei jedem Versuch, es zu sagen, eben doch in die menschlich-allzu-menschliche Formulierung eingeebnet wird. Arnold Schönberg stilisiert in seiner Oper „Moses und Aron" den Mose zum – letztlich – verzweifelten Diener dieser Aufklärung; am Ende des auskomponierten Fragments sinkt Mose mit dem Ausruf zu Boden: „O Wort, du Wort, das mir fehlt!" Aufklärung biblisch vergisst nicht, dass das Wort „fehlt", in dem definitiv ausgesagt wäre, was – *wer* – die Suche nach Wahrheit hervorruft und zur Verpflichtung macht.

Als der *Hervor-Ruf* ist das Wort gesagt, auch im Neuen Testament. Das Fleisch gewordene Wort ist Hervor-Ruf auf den Weg, der sich als Wahrheit erweist, da er ins Leben hineinführt und ein *gutes* Leben eröffnet (vgl. Joh 14,6). Dieser Hervor-Ruf zwingt und befreit zu den elementaren Unterscheidungen und ist darin aufklärend: zur Unterscheidung *göttlich – menschlich*,

---

27 Th. W. Adorno, Philosophische Terminologie 1, Frankfurt a. M. 1973, 82 f.

gut in sich – gut für uns, wahr – erfolgreich, gewiss – ungewiss; zur Unterscheidung in *bedingt und unbedingt.* So ist dieser Hervor-Ruf elementar kritisch. Er ruft in die Praxis des Unterscheidens und vermittelt kein definitives Wissen über das so Unterschiedene. Und er stellt die Unterscheidenden selbst unter das Gericht des Unterscheidens: Vermischen sie Göttliches und Menschliches? Vergöttlichen sie sich, da sie sich selbst gegenüber die Notwendigkeit des Unterscheidens aus dem Blick verlieren? Vereinnahmen sie das göttliche Wort, das sie zur Unterscheidung ruft, indem sie sich dem Gericht – der Kritik – dieses Wortes entziehen? Gottes *gegebenes* Wort wird um seine unterscheidende Kraft gebracht, es „fehlt", wenn man schon am Ende des Weges sein will, auf dem es sich denen, die sich rufen lassen, bewahrheiten, auf dem es für sie unterscheidende Bedeutung gewinnen will. Es entzieht sich, damit es nicht zur Ideologie verfälscht wird bzw. damit es denen, die es zur Ideologie verfälschen, das Recht dazu bestreitet. Gottes Fleisch gewordener, in die Nachfolge rufender Hervor-Ruf lässt sich nicht festhalten (Joh 20,17). Ihm kann man nur folgen, indem man sich in die Praxis der heilsam-notwendigen Unterscheidungen rufen lässt.

Wenn Kirche sich nicht von der Ungewissheit darüber heimsuchen lässt, wie ihre Worte dem sie hervorrufenden Wort entsprechen können, wenn sie sich nicht in die Disziplin rufen lässt, zwischen dem von Gott „Gemeinten" und dem von ihr Gesagten in schmerzlicher Selbstaufklärung zu unterscheiden, verrät sie die biblische Aufklärung, macht sie sich zum Hort der Gegen-Aufklärung. Gegenreformatorisch als „Institution visualisierter Gewissheit" verstanden, würde sie den Anspruch erheben, selbst angemessen darstellen zu können, worauf sie nur die immer wieder verfehlte und immer wieder neu zu wagende Antwort sein kann; würde sie sich – im Gegensatz zu den „profanen" Wissenschaften – auf der sicheren Seite wissen, *jetzt schon* am Gewissheitsziel. Als bloße Gegeninstanz zu den Wissenschaften blieben Kirche und Theologien nur ewige Rechthaber, die sich den Wissenschaften und ihrem Ethos gegenüber distanzieren und desolidarisieren. Als Inspirator wie als kritische Herausforderung der Wissenschaften und ihres „Triebs nach Wahrheit" aber hält der Glaube jene Zukunft des Wissenwollens offen, die dem Wissen immer schon geöffnet und uneinholbar aufgegeben ist. Die theologisch reflektierten Überlieferungen des Glaubens könnten im Diskurs der Wissenschaften eine Stimme zu Gehör bringen, in der die Herausforderung – der Hervorruf – des Wissens selbst nachklingt; eine Stimme, die nicht überhört werden sollte, wenn man sich die Zentralfrage jeder Aufklärung stellt: wozu das Wissen gut ist und wem es zu dienen hat.

Autoren und Herausgeber

Frühauf, Martin
Dr. jur., geboren 1933, Studium der Rechtswissenschaften in München und Frankfurt a. M., Promotion in Frankfurt a. M.; 1978 bis 1997 Mitglied des Vorstandes der Hoechst AG, 1997 bis 1999 Vorsitzender des Aufsichtsrates, 1999 bis 2003 stellvertretender Vorsitzender des Aufsichtsrates von Aventis SA, 1997 bis 2003 Mitglied des Aufsichtsrates der Dresdner Bank und seit 1980 Mitglied des Verwaltungsrates der Landesbank Hessen Thüringen.

Joas, Hans
Prof. Dr., geboren 1948, Promotion zum Dr. phil. 1979 an der FU Berlin, ebendort auch Habilitation 1981; 1979 bis 1983 Wissenschaftlicher Mitarbeiter am Max-Planck-Institut für Bildungsforschung; in der Folgezeit und bis heute viele wissenschaftliche Einsätze in den USA und in anderen Ländern; Zusatzschwerpunkt: Soziologie; 1980/81 Lehrstuhlvertretung am Soziologischen Seminar der Universität Tübingen; 1987 bis 1990 Professor am Institut für Soziologie an der Universität Erlangen; seit 1990 Professor an der FU Berlin, seit 2002 Dekan am Max-Weber-Kolleg für kultur- und sozialwissenschaftliche Studien in Erfurt.

Löser, Werner, SJ
Prof. Dr., geboren 1940, 1960 Eintritt in die Gesellschaft Jesu, 1970 Priesterweihe in Frankfurt a. M., 1975 Promotion in Freiburg i. Br.; seit 1975 Lehrtätigkeit an der Philosophisch-Theologischen Hochschule Sankt Georgen in Frankfurt a. M. im Bereich Dogmatik und Ökumenische Theologie, seit Mitte der 90er Jahre aktive Mitarbeit im „Freundeskreis Sankt Georgen" und in der „Stiftung Hochschule Sankt Georgen".

Nordhofen, Eckhard
Dr. phil., geboren 1945; Leitung der Zentralstelle Bildung der Deutschen Bischofskonferenz, Mitglied des „Forums Bildung" der Bund-Länder-Kommission, lange Jahre Vorsitzender des Fachverbandes Philosophie im Lande Hessen; einer der Gründungs-

herausgeber der Zeitschrift für Didaktik der Philosophie (ZDP), später ZDPE; Lehraufträge für Philosophiedidaktik an der Johann Wolfgang Goethe-Universität in Frankfurt a. M.; derzeit Dezernent für Schule und Hochschule im Ordinariat des Bistums Limburg.

Reiser, Marius
Prof. Dr., geboren 1954, Gymnasium bis 1973 zunächst in Reutlingen, dann in Sigmaringen; von 1973/74 bis 1979 Studium der Katholischen Theologie, der Sinologie und der Klassischen Philologie in Tübingen und in Paris, dann Assistent bei Prof. Gerhard Lohfink in Tübingen, Promotion 1983 mit der Dissertation „Syntax und Stil des Markusevangeliums im Licht der hellenistischen Volksliteratur"; 1989 Habilitation mit der Schrift „Die Gerichtspredigt Jesu. Eine Untersuchung zur eschatologischen Verkündigung Jesu und ihrem frühjüdischen Hintergrund"; seit 1991 Professor für Neues Testament am Fachbereich Kath. Theologie der Johannes-Gutenberg-Universität Mainz.

Rentsch, Thomas
Prof. Dr., geboren 1954, Studium der Philosophie, der Literaturwissenschaften (Germanistik/Romanistik) und der Evangelischen Theologie in Konstanz, Münster, Zürich und Tübingen; 1982 Promotion an der Universität Konstanz, die Arbeit erschien 1985 unter dem Titel „Heidegger und Wittgenstein"; Hochschulassistent bei Prof. Dr. Friedrich Kambartel (Konstanz); 1988 Habilitation zum Thema „Die Konstitution der Moralität" (erschienen 1990); Privatdozent und Heisenbergstipendiat der DFG, Lehrtätigkeit in Konstanz, an der Martin-Luther-Universität in Halle, an der FU Berlin; 1992 Berufung auf den neuen Lehrstuhl für Philosophie der TU Dresden.

Schmidt, Thomas M.
Prof. Dr., geboren 1960, 1981 bis 1988 Studium der Philosophie und der Theologie an der Philosophisch-Theologischen Hochschule Sankt Georgen und an der Johann Wolfgang Goethe-Universität in Frankfurt a. M., 1991 bis 1995 Wissenschaftlicher Mitarbeiter am Lehrstuhl für Religionsphilosophie an der Johann Wolfgang Goethe-Universität, ebenda 1995 Promotion zum Dr. phil.; 1995 bis 2001 Assistent am Lehrstuhl für Mittelalterliche Philosophie und Religionsphilosophie an der Universität Frank-

furt a. M., 1997 bis 2000 Lehrauftrag für Philosophie und Religionswissenschaft an der Katholischen Fachhochschule in Mainz, 2000 Habilitation im Fach Philosophie an der Johann Wolfgang Goethe-Universität; mehrfache Lehraufträge an Universitäten in den USA; 2003 Berufung zum Professor für Religionsphilosophie am Fachbereich Katholische Theologie an der Universität Frankfurt a. M.

Werbick, Jürgen

Prof. Dr., geboren 1946, Theologiestudium in Mainz, München und Zürich, Promotion bei Heinrich Fries (1973); 1973 bis 1975 als Pastoralassistent in einer Münchener Gemeinde tätig, danach bis Ende 1981 Wissenschaftlicher Assistent am Institut für Praktische Theologie der Katholisch-Theologischen Fakultät der Münchener Universität (bei Erich Feifel), Ende 1981 Habilitation für die Fächer Fundamentaltheologie und Ökumenische Theologie in München; von Ende 1981 bis 1994 Professor für Systematische Theologie an der Universität-Gesamthochschule Siegen, seither Professor für Fundamentaltheologie an der Katholisch-Theologischen Fakultät der Universität Münster; seit 1983 Mitglied der Schriftleitung von „Prediger und Katechet".

Ansgar Wucherpfennig SJ

P. Dr. theol. Lic. in re bibl., geboren 1965, Theologiestudium an der Philosophisch-Theologischen Hochschule Sankt Georgen (Frankfurt a. M.) und in Tübingen, 1991 Eintritt in das Noviziat der Jesuiten in Münster, 1993 bis 1994 Mitarbeit am Canisius-Kolleg Berlin, 1994 bis 1996 Lizentiatsstudium am Päpstlichen Bibelinstitut in Rom, Ende 1996 bis 2001 Promotion im Neuen Testament bei Prof. Dr. Hans-Josef Klauck in Würzburg (die Arbeit erschien 2002 unter dem Titel „Heracleon Philologus: Gnostische Johannesexegese im zweiten Jahrhundert"); seit 2003 Lehrbeauftragter für Einleitung und Exegese des Neuen Testaments an der Philosophisch-Theologischen Hochschule Sankt Georgen in Frankfurt a. M.

Sankt Georgener Hochschulschriften 6